Miss Violet goes

LONDON

DIE BESTEN REZEPTE

UND STORYS AUS DER CITY

Umschau

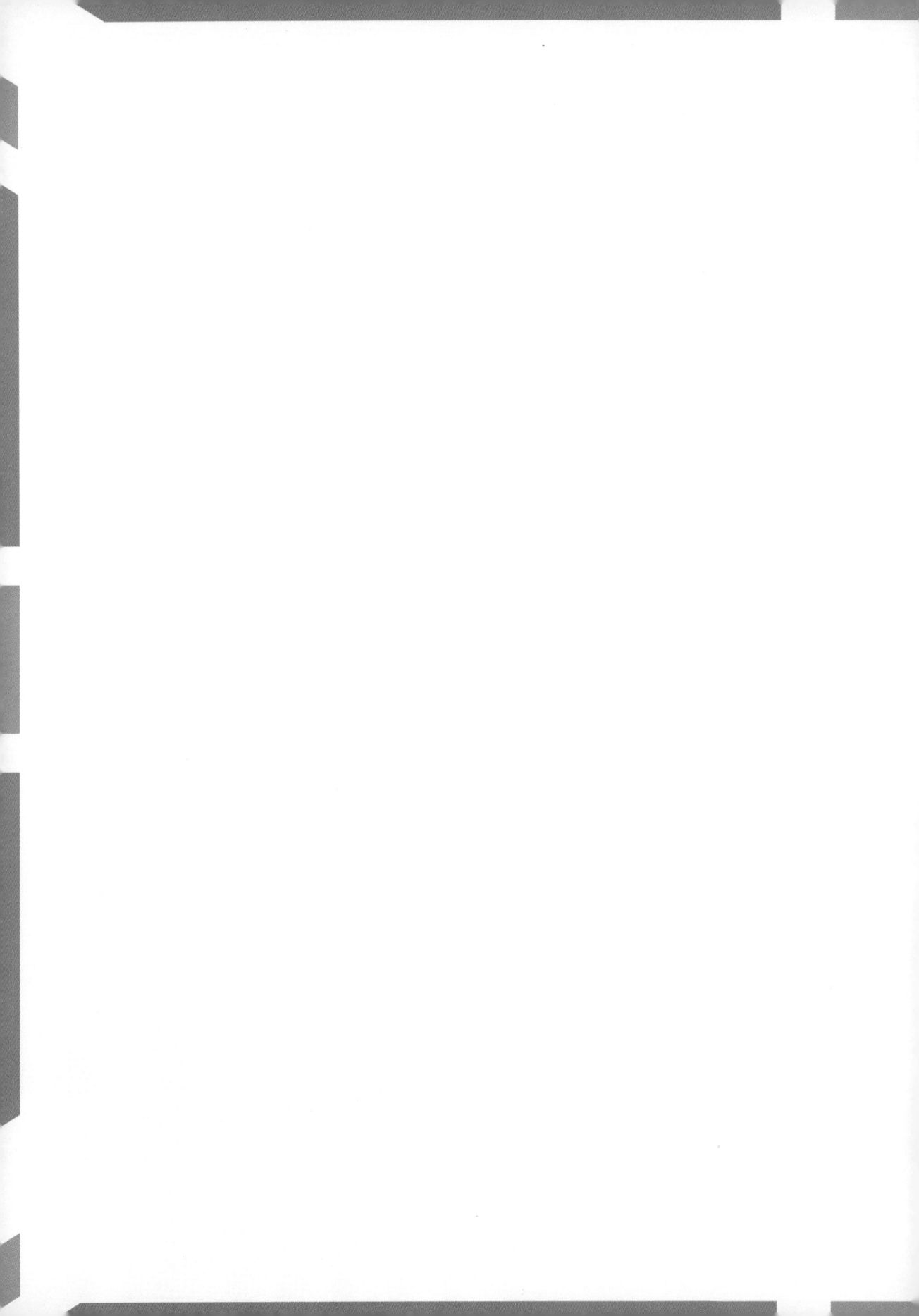

Violet Kiani

Miss Violet goes

LONDON

DIE BESTEN REZEPTE
UND STORYS AUS DER CITY

Umschau

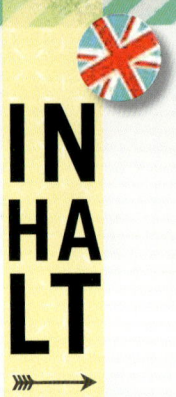

INHALT

MISS VIOLET GOES LONDON *Die Briten und ihre Küche*

London ist bekannt als Hauptstadt des guten Stils. Ich denke da nicht nur an die stylishen Bewohner, die Modedesigner und Herrenschneider – auch in vielen anderen Bereichen zeigen die Londoner guten Geschmack: von der Wandfarbe (der Marke „Farrow & Ball" oder „Laura Ashley" zum Beispiel) bis zum coolen Teeporzellan („Emma Bridgewater"), von den gestreiften Liegestühlen im Hyde Park bis zum schönsten Fahrstuhl, in den ich je gestiegen bin, im Hotel Claridges. Und natürlich sind die Londoner ganz weit vorne, wenn es ums Essen geht – lachen Sie nicht! Wenn man eine kulinarische Reise machen möchte, ist es nur naheliegend, in die britische Hauptstadt zu fahren – insgesamt 78 Michelin-Sterne haben Londoner Restaurants 2014 verliehen bekommen!

Zugegeben, sich über die britische Küche lustig zu machen, ist einfach. Es gibt allerlei kulinarische Eigenarten der Briten, die der Rest der Welt nicht versteht. Gebackene Bohnen auf Toast. Die kühne Vorstellung, Kartoffelchips seien eine akzeptable Beilage zur Tiefkühl-Lasagne. Der Zwang, möglichst viele Erbsen in jedes Gericht einzuarbeiten oder zumindest in pürierter Form als Beilage zu reichen.

Als Teenager war ich einmal während einer Sprachreise in dem Städtchen Ramsgate an der Südostküste Englands bei einer Gastfamilie untergebracht, und zwei Wochen lang war diese Gastfamilie für meine Verpflegung zuständig. Was meine Gastmutter unter „Kochen" verstand, war verblüffend und deprimierend zugleich: das Erwärmen von Fertiggerichten aus der Tiefkühltruhe und das Öffnen einer Tüte Kartoffelchips. Die Gerichte kaufte sie in einem Supermarkt namens „Iceland", ein Geschäft wie eine Mischung aus gigantischer Kühltruhe und 99-Pence-Shop: Die meisten Produkte waren tiefgekühlt und kosteten ein Pfund. Ich erinnere mich noch an die Burger, die meine Gastmutter an einem Wochenende briet. Das Fleisch (wenn es denn überhaupt Fleisch war!?) konnte weder vom Geschmack noch von der Konsistenz her einem bestimmten Tier zugeordnet werden und war höchstens als Scherzartikel oder zum Bau einer Brücke zu gebrauchen. (Sollten Sie einmal über längere Zeit den Kochkünsten einer britischen Hausfrau in Ramsgate ausgeliefert sein, lautet mein Rat, eine Magenkrankheit vorzutäuschen und sich vorübergehend von köstlichen Cadbury-Schokokeksen und Lays-Kartoffelchips zu ernähren.)

Schlechte Köche gibt es aber nicht nur in England, sondern auch bei den Franzosen und Italienern. Warum haben also ausgerechnet die Engländer die kulinarische Narrenkappe auf? Wussten Sie zum Beispiel, dass es über 600 verschiedene britische Käsesorten gibt? Dass die Lämmer und Rinder Großbritanniens nur saftigstes Gras fressen (statt Mais wie die Artgenossen in den USA) und deutlich besser schmecken als woanders? Dass die Engländer Wildspezialisten und die Krebse vor der Küste Dorsets eine Delikatesse sind?

Viele Jahre fehlte es den Briten an dem nötigen Selbstbewusstsein, ihre Spezialitäten, Gerichte und Köche zu zelebrieren. Jetzt haben sie dieses Selbstbewusstsein – verantwortlich dafür ist auch Jamie Oliver, der mit seiner Mission, die Engländer wieder

an den Herd zu bringen, wahrscheinlich erfolgreicher war, als er es sich zu Beginn seiner Karriere erhofft hatte. Britische TV-Köche sind zu Superstars geworden, Kochbücher stürmen die Bestseller-Listen der Buchläden (2012 verzeichnete man einen Anstieg der Kochbuchverkäufe um 250 %) und in den Restaurants wird wieder englisch gekocht. Viele Jahre belegte Heston Blumenthal mit seinem Restaurant „The Fat Duck" in dem Örtchen Bay, eine Autostunde westlich von London, einen der obersten Plätze in der Rangliste der weltweit besten Restaurants. Die Küche im „The Fat Duck" war aber französisch inspiriert und damit vor allem für die Franzosen ein Grund, sich auch weiterhin über die Engländer lustig zu machen. Mit seinem neuem Restaurant in London, dem „Dinner" im Mandarin Oriental Hotel, ist Heston Blumenthal nun wieder unter den Top 5 der besten Restaurants der Welt – dieses Mal ist die Küche ur-britisch. Viele Wochen hat der britische Koch vor Eröffnung seines Restaurants in der „British Library" gesessen, gelesen und recherchiert, was die historischen britischen Gerichte ausmachte – die Speisekarte im „Dinner" soll die Gäste daran erinnern, dass auch englische Küche eine Tradition hat.

Die besten Köche der Welt – nicht nur die eigenen Leute wie Heston Blumenthal, Gordon Ramsay und Fergus Henderson – arbeiten in London, und nirgendwo können Sie so gut essen wie hier. Das liegt aber nicht nur an den teuren Haute-Cuisine-Restaurants und den Top-Adressen, sondern vor allem an der Vielfalt in dieser Stadt. Der Begriff „multikulti" klingt veraltet und überstrapaziert, aber London ist nun mal genau das: multikulti! Kein Begriff trifft es besser. Die Immigranten vieler Nationen haben ihre Gerichte und ihre Zutaten mitgebracht

und den Briten ein Stück ihrer Kultur geschenkt. Die Briten ihrerseits haben diese neugierig und dankbar angenommen: die knusprigen Enten in China Town, die mit Pflaumensauce, Gurken- und Frühlingszwiebelstreifen in kleine Pancakes gewickelt werden; die Pho-Suppen der Vietnamesen an der Kingsland Road; das indische Curry im Dishoom; die perfekte Pasta im Cecconis; das Sushi bei Yashin; die vielen, vielen Streetfood-Köche, die mit Leidenschaft auf Märkten und Festivals kochen. Nach einem Besuch in London werden Sie sich bei den Daheimgebliebenen vielleicht über die rasant vorbeifahrenden Doppeldeckerbusse oder die hohen Preise beschweren, niemals aber werden Sie sich sagen hören: „Ich habe schlecht gegessen."

Auf meiner Reise traf ich professionelle Köche und leidenschaftliche Amateure, lernte Restaurantbesitzer und Helden des Nachtlebens kennen. Ich durfte in Küchen schauen und von deren Chefs für dieses Buch Rezepte haben. Ich flirtete mit Metzgern auf Märkten, ging Karaoke-Singen in Soho und Tanzen in Dalston. Ich shoppte bis ich droppte, fuhr mit dem Boot auf dem Kanal und mit dem geliehenen Fahrrad durch den Victoria Park. London ist eine Reise wert. Ich wünsche Ihnen viel Spaß beim Entdecken! *Ihre Miss Violet*

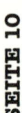

DUCK ROTI

PHEASANTS

PARTRIDGES

WOOD PIGEONS

HOME COOKED SUNDAY ROASTS ★★★

MINZSAUCE UND ANDERE VERBRECHEN

Warum das schlechte Image der britischen Küche unverdient ist
und auch die Franzosen das einsehen sollten

Jedes Kind mit Comicerfahrung bekommt in jungen Jahren das Wissen vermittelt, dass die Briten sonderbare kulinarische Vorlieben haben. „Asterix bei den Briten" hat mich viele Jahre glauben lassen, dass die Engländer gekochtes Fleisch mit Minzsauce, lauwarmes Bier und Marmelade zum Braten mögen, und ich konnte die Verzweiflung des dicken Galliers Obelix nachvollziehen, der bei seinem Besuch in England fast von einer Depression übermannt wurde.

Jahrzehntelang haben sich die Franzosen über die Kochkünste der Engländer lustig gemacht, und zwar nicht nur in diesem einen Comicheft. „Man kann niemandem trauen, dessen Kochkünste so schlecht sind," lautet ein berühmtes Zitat des ehemaligen französischen Präsidenten Jacques Chirac, das ganz gut die Einstellung der Franzosen zur britischen Küche zusammenfasst. Dabei ist es zum großen Teil die Schuld der Franzosen, dass die britische Küche so ein schlechtes Image hat.

Erst viele Jahre nach der Lektüre von „Asterix bei den Briten" konnte ich mir ein eigenes Bild von der Lage machen. Minzsauce zu gekochtem Fleisch – das hörte sich für mich und meinen kindlichen Gaumen immer besonders widerlich an. Es stimmt: Briten essen Lammfleisch mit Minzsauce, aber weder ist das Fleisch gekocht, noch taugt die Kombination mit der Minzsauce für eine Depression.

Die britische Küche hat einige Hits zu bieten. Wenn die Engländer etwas besonders gut zubereiten können, dann den sogenannten Sunday Roast, den Sonntagsbraten aus Lamm, Rind, Huhn oder Schwein. Besonders das Roastbeef vom Rind, die Lammkeule und die Lammschulter können die Briten so gut kochen, dass sich die Franzosen mit Kommentaren an dieser Stelle unbedingt zurückhalten sollten. Das liegt zum großen Teil an den wohlschmeckenden Tieren, die auf den Farmen, den Weiden und in den Mooren Englands aufwachsen. Da gibt es die Schafrassen „Scottish Blackface" und „Dorset" sowie die Rinderrassen „Long-

horn", „Hereford", „Belted Galloway" oder „Riggit Galloway". Sie werden bei den besten Metzgern der Stadt angeboten und sind die Grundlage eines oft im Kreise der Familie stattfindenden Mittagessens, das traditionell mit gerösteten Kartoffeln, Yorkshire Pudding, Gemüse und Bratensauce aufgetischt wird.

Die Regeln für Sunday Roast:

1.

Lammkeule oder -schulter werden mit Minzsauce oder Minzgelee serviert.

2.

Schweinebraten wird mit Apfelmus serviert.

3.

Zu Rinderbraten wird Senf und Meerrettichsauce gereicht.

4.

Brathuhn kommt mit Cranberrysauce oder Johannisbeergelee auf den Tisch.

5.

Die wichtigste Regel: Je größer die Gruppe, desto besser schmeckt der Braten.

Very british 🇬🇧

LAMMBRATEN mit Minzsauce

1,8 kg Lammkeule

3 große Knoblauchzehen, geschält und längs in etwa 24 dünne Scheibchen geschnitten

2 große Stängel frischer Rosmarin, in etwa 24 kurze Stücke geschnitten

1 kleine Zwiebel, geschält

Salz und frisch gemahlener schwarzer Pfeffer

ZWIEBEL-ROSMARIN-SAUCE

25 g Butter

1 große weiße Zwiebel

1 EL Rosmarinnadeln

25 g Mehl

175 ml Milch

175 ml Gemüsebrühe

2 EL Crème fraîche

Salz und frisch gemahlener schwarzer Pfeffer

MINZSAUCE

1 Bund frische Minze

6 TL Rotweinessig

2 TL Zucker

Für 6-8 Personen

Den Backofen auf 190 °C vorheizen.

Die Lammkeule mit einem scharfen, spitzen Messer 24-mal kurz und tief einschneiden. In jeden Einschnitt ein Scheibchen Knoblauch und ein Stück Rosmarin stecken. Das Fleisch rundherum großzügig mit Salz und frisch gemahlenem Pfeffer würzen.

Die Zwiebel halbieren und auf den Boden des Bräters legen. Die Lammkeule auf die Zwiebelhälften legen. Den Bräter locker mit Alufolie bedecken und im oberen Drittel des Ofens 1½ Stunden braten. Danach die Folie abnehmen und weitere 30 Minuten braten.

Das Fleisch aus dem Ofen nehmen, erneut mit Folie abdecken und noch 20 Minuten ruhen lassen. Später auf einem Holzbrett servieren.

Unterdessen die Zwiebel-Rosmarin-Sauce zubereiten. In einem kleinen Topf die Butter zerlassen. Die Zwiebel schälen und fein hacken, dann bei sehr schwacher Hitze ca. 5 Minuten in der Butter dünsten, dabei nicht anbräunen lassen (wichtig!). Die Rosmarinnadeln im Mörser zerstoßen, um das ätherische Öl freizusetzen, dann sehr fein hacken und zu den Zwiebeln geben.

Zwiebeln und Rosmarin so schonend wie möglich für weitere 15 Minuten dünsten, dabei wieder darauf achten, dass die Zwiebeln nicht zu viel Farbe annehmen. Mit einem Holzlöffel das Mehl in die Zwiebelmasse rühren, dann nach und nach die Milch dazugießen – dabei fortwährend rühren. Anschließend die Gemüsebrühe in dünnem Strahl unter Rühren dazugeben. Die Sauce mit Salz und Pfeffer abschmecken und bei niedriger Hitze noch 5 Minuten köcheln lassen.

Vom Herd nehmen, die Hälfte der Sauce in einem hohen Becher pürieren, dann wieder zurück zu der anderen Hälfte in den Topf geben. Behutsam erhitzen, die Crème fraîche einrühren und in einer Sauciere servieren.

Für die Minzsauce die Minzeblätter von den Stielen zupfen und sehr fein hacken. In einer Schüssel mit dem Essig und dem Zucker vermengen.

Den Lammbraten zusammen mit beiden Saucen servieren.

Miss Violets Tipp:

London-Besucher aufgepasst!
Sunday Roast isst man traditionell
bis 16 Uhr. Danach werden Sie
im Restaurant keinen mehr
bestellen können.

Das LEXIKON

DER ENGLISCHEN GERICHTE MIT SELTSAMEN NAMEN

Jede Nation hat ihre dunklen
kulinarischen Seiten oder zumindest solche,
die man nur verstehen kann,
wenn man in dem Land aufgewachsen ist und
seine Geschmacksnerven schon als Kind an diese
Absonderlichkeiten gewöhnen konnte.
Bei den Engländern haben die seltsamen Gerichte
immerhin die besten, lustigsten und
irritierendsten Namen!
Verbirgt sich etwas Obszönes hinter
„Spotted Dick"?
Ist „Kedgeree" ein Dorf in Schottland?
Und muss man bei „Toad in the Hole" am besten
schnell den lokalen Tierschutzverein rufen?
Dieses kleine Lexikon hilft Ihnen sicher bei der nächs-
ten Bestellung im britischen Pub
Ihrer Wahl weiter.

ANGELS ON HORSEBACK

Eine Vorspeise aus dem viktorianischen England: Austern werden in Speck gerollt und dann im Ofen gebacken oder gegrillt. Dazu wird Brot gereicht.

BUBBLE AND SQUEAK

Ein Lieblingsgericht englischer Kinder, das traditionell aus den Resten vom Sunday Roast zubereitet wird: Fleisch, Gemüse und Kartoffeln werden vermischt und in der Pfanne zusammen angebraten. In Restaurants wird Bubble and Squeak aber frisch aus Kartoffelpüree und Gemüse zubereitet. Der Name bezieht sich auf die Geräusche in der Pfanne beim Braten: Es wirft Blasen und quietscht – angeblich.

ETON MESS (REZEPT AUF DER NÄCHSTEN SEITE)

Die Nachspeise aus Baiser, Schlagsahne und frischen Erdbeeren wurde am renommierten englischen Eton College nur einmal jährlich zu einer besonderen Gelegenheit serviert: beim Cricket-Spiel gegen die Harrow School in London. Vielleicht kennen Sie diese Köstlichkeit schon unter dem Namen Pavlova oder Pawlowa.

KEDGEREE

Reis, Fisch, Eier und indisches Dal sind die Hauptzutaten von Kedgeree, das von britischen Kolonialherren in Indien erfunden wurde. Traditionell wurde es zum Frühstück gegessen, wenn der Fisch am frischesten war. Londoner essen es noch heute gern zum Katerfrühstück. Das beste Kedgeree gibt es im „Albion" im Stadtteil Shoreditch (www.albioncaff.co.uk, 2–4 Boundary Street).

SPOTTED DICK

Eine Nachspeise mit Korinthen und Vanillesauce. „Spotted" bezieht sich auf die dunklen Flecken, „Dick" ist eine Ableitung des englischen Begriffs für Dessert, dem englischen Pudding.

TOAD IN THE HOLE

Angeblich sehen die Bratwürste, die für dieses Gericht in Yorkshire-Pudding-Teig eingebacken werden, aus wie Kröten (toads), die aus einem Loch schauen. Dazu gibt's Kartoffelpüree, Erbsen und Sauce.

WELSH RAREBIT

Auch als „Welsh rabbit" bekannt und damit komplett in die Irre führend: Es handelt sich nicht um ein zubereitetes walisisches Kaninchen, sondern um eine einfallsreichere Version von geschmolzenem Käse auf Toast. Jamie Oliver mischt für seine Variante Eigelb, Crème fraîche, Senfmehl und geriebenen Käse (im Original unbedingt Cheddar), würzt die Mischung mit Salz, Pfeffer und Chili und grillt alles im Ofen auf getoasteten Brotscheiben. Erinnert entfernt an Käse-Fondue.

ETON MESS

Für 4 Personen

500 g Erdbeeren

500 g Himbeeren

4 fertige Baisernester

400 g Sahne

55 g Zucker

1 Vanilleschote

Die Erdbeeren waschen und die Hälfte davon in Viertel teilen.

Die Hälfte der Himbeeren mit einem Stabmixer pürieren.

Die restlichen Erdbeeren und Himbeeren mit einer Gabel zu einem Brei zerdrücken.

Die Baisernester grob zerbröseln.

Die Sahne mit dem Zucker und dem Mark der Vanilleschote vermengen

und mit einem Handmixer steif schlagen.

Zum Anrichten eignen sich hochwandige, vorgekühlte Gläser.

Wie folgt Schichten einfüllen: Sahnemischung, Baiserbrösel, zerdrückte Früchte.

So bis zur gewünschten Höhe füllen und zum Schluss

mit den geviertelten Erdbeeren garnieren.

KLASSEN-KÜCHE

Die nervenden und die entspannten Facetten einer Millionen-Metropole

Spontanen Menschen wird es in London wirklich nicht leicht gemacht, denn bei über acht Millionen Einwohnern ist alles schnell ausgebucht, voll, nicht mehr verfügbar. Sie überlegen an einem Freitagvormittag, dass es schön wäre, abends schick essen zu gehen? Haha! Nach ein paar Wochen in London wird aus jedem Hippie ohne Kalender und Armbanduhr ein Planungsfanatiker, der Fingernägel kaut. Egal, ob im schicken Westen oder im coolen Osten – in den Restaurants muss man etwa zwei Wochen im Voraus reservieren, wenn man einen Tisch zur gewünschten Zeit bekommen möchte. Bereits eine Woche vorher werden nur noch Zeiten wie 18 Uhr oder 22.30 Uhr vorgeschlagen und kurz vor dem Wochenende kann man sich den erniedrigenden Anruf gänzlich sparen.

Wenn man dann einen Tisch ergattert hat, sollte man unbedingt an dem Tag selber ans Telefon gehen, denn die meisten Restaurants rufen an, um die Reservierung zu bestätigen – sollten Sie nicht zu erreichen sein, ist der Tisch eventuell weg. Haben Sie es erst einmal geschafft, in einem der vielen guten Restaurants der Stadt Platz zu nehmen, beeilen Sie sich am besten, bestellen Sie zügig, reden Sie schnell, trinken Sie schnell. Je hipper die Lokalität, umso früher wird man Ihren Tisch weitergeben wollen. Nach eineinhalb Stunden, Sie schauen

Ihrem Date gerade verliebt in die Augen und teilen sich mit ihm oder ihr ein Schokoladendessert in Bombenform, kann schon mal die freundlich-resolute Stimme Ihrer Kellnerin zwischen Ihren Köpfen ertönen und darauf hinweisen, dass man den Tisch nun aber bald bräuchte.

Warum also sollte man sich überhaupt so einen Stress antun? Weil es Spaß macht! Ein großer Teil des Londoner Nachtlebens findet in großartigen, lauten, lustigen Restaurants statt. Sie sitzen vielleicht zwischen Helena Bonham-Carter und Bianca Jagger und essen die beste Seezunge Ihres Lebens im „The Wolseley". Vielleicht kommt auch Charles Saatchi im „Scotts" an Ihrem Tisch vorbei oder Sie werden auf der stylischsten Restauranttoilette Europas im „Sketch" zu einer spontanen Foto-Session einberufen und wahrscheinlich werden Sie im „Hutong" hoch über London einen unvergesslich guten Abend verbringen. Es gibt natürlich entspanntere und trotzdem gute Möglichkeiten zu dinieren: bei den Vietnamesen an der Kingsland Road kann man immer einen Tisch bekommen, im „Mangal Ocakbasi" in Dalston, in dem das Künstlerduo Gilbert & George sowie Jamie Oliver auch gern essen, und wer Lust hat, etwa eine Stunde für Tapas anzustehen, kann das jederzeit im berühmten „Pulpo" in Soho tun. Hier kann man generell nicht reservieren – selbst die Queen persönlich nicht.

Vielleicht liegt es an diesen starren Strukturen der Londoner Gastronomie, dass die Streetfood-Bewegung hier nicht nur beliebt ist, sondern sich wie in keiner anderen Metropole zu einer wichtigen Ernährungsquelle junger Menschen entwickelt hat. Angefangen hat die kleine kulinarische Revolution mit Essensständen auf Märkten wie Broadway Market, Berwick Street Market und Borough Market. Mittlerweile sind Woodstock-ähnliche Festivals daraus entstanden, vor allem im Osten der Stadt, wo die Menschen weniger reich und weniger spießig sind. Was ist Streetfood? Das Essen wird auf der Straße gemacht, ist von verschiedensten Kulturen beeinflusst, wird auf der Hand gegessen, ist günstig im Preis und sehr oft von guter Qualität.

Auf den Streetfood-Festivals von London ist die Atmosphäre locker; hier treffen sich Hungrige unterschiedlicher Couleur: coole Kids aus Shoreditch,

Pärchen mit romantischen Ambitionen, Freunde aus der Nachbarschaft und sogar Mütter mit kleinen Kindern. Typische Gerichte sind mexikanische Tacos, libanesische Falafel und persisches Fleisch an Spießen, vietnamesische Snacks und Vegetarisches aus Indien. Burger in allen Formen, Fish & Chips, Spareribs und Pizza mit stundenlang vorbereiteten Toppings.

DIE BESTEN STREETFOOD-SPOTS LONDONS

➡ **Hawker House in Hackney**
www.streetfeastlondon.com
➡ **Urban Food Fest in Shoreditch**
www.urbanfoodfest.com
➡ **Feast in Shoreditch**
www.wefeast.co.uk

Tom Dewey – jung, blond, britisch – verkauft seine „British Inspired Pizza" aus einem Land Rover mit eingebautem Ofen heraus. Mit dem Wagen und seinem kleinen Team tingelt er von Festival zu Festival und hat sich in den letzten zwei Jahren so einen Namen in der Streetfood-Szene gemacht. In seinen Pizzen stecken britische Zutaten, viel Arbeit und Liebe. Wahrscheinlich ist deswegen die Schlange an seinem Stand immer die längste des ganzen Festivals. Hier ist das Rezept für seine vegetarische Pizza, die mit pinkfarbenem Teig die wahrscheinlich hübscheste in ganz England ist.

Tom
Deweys

★ ★ ★

PIZZA MIT
ROTE-BETE-TEIG
und Ziegenkäse
Für 4 Personen

TEIG

150 ml frisch entsafteter Rote-Bete-Saft   **150 ml handwarmes Wasser**

20 g frische Hefe (alternativ 3½ g getrocknete)

500 g Pizzamehl Type 00 (alternativ Weizenmehl Type 550)

BELAG:

125 g Ziegenweichkäse, Vollfettstufe   **2 kleine rote Zwiebeln**

1 EL Distelöl   **1 TL Zucker**   **feines Meersalz**

1 frische Rote Bete, gekocht und geschält (alternativ gekocht in Vakuumverpackung kaufen)

150 ml Zwiebelsuppe (frisch gekocht, gekauft oder eine reduzierte Gemüsebrühe)

40 g frische Brunnenkresse (alternativ Rucola)

etwas Balsamico-Creme (alternativ reduzierter Aceto di Balsamico)

Für den Teig den Rote-Bete-Saft und das Wasser in eine Schüssel geben.

Die Hefe hinzufügen und in der Flüssigkeit verrühren.

Das Mehl in eine separate große Schüssel oder in die Küchenmaschine geben.

Die Hefemischung hinzufügen und mit den Händen oder dem Handmixer und Knethaken

zu einem Teig verarbeiten. Sobald der Teig Klümpchen bildet, das Salz hinzufügen.

Weiterkneten, bis sich eine Kugel bildet. Auf einer sauberen, bemehlten Arbeitsfläche 5–10 Minuten

kräftig durchkneten, bis der Teig schön glatt ist. In eine saubere Schüssel geben,

mit einem feuchten Tuch oder Frischhaltefolie abdecken und 20 Minuten ruhen lassen.

Den Teig vierteln, noch einmal kurz durchkneten und zu vier Kugeln formen. Diese leicht bemehlt zurück in die Schüssel legen, wieder abdecken und 2-4 Stunden bei Zimmertemperatur gehen lassen (oder über Nacht im Kühlschrank, dann genügt noch weniger Hefe).

Den Backofen auf maximaler Temperatur vorheizen. Für den Belag den gekühlten Ziegenkäse in 1 cm dicke Würfel schneiden und zurück in den Kühlschrank legen, bis sie wieder benötigt werden.

Die roten Zwiebeln schälen und in dünne Ringe schneiden. Das Distelöl in einer Pfanne stark erhitzen und die Zwiebeln darin mit dem Zucker und einer Prise Salz 5-10 Minuten braten, bis die Zwiebeln karamellisieren und leicht braun werden. In eine Schüssel geben und beiseitestellen.

Die gekochte Rote Bete ebenfalls in 1 cm dicke Würfel schneiden oder mit einem Stabmixer und etwas Saft pürieren. In eine Schüssel geben und beiseitestellen. Die Pizzen am besten auf einem Pizzastein oder einem Pizzablech (mit perforiertem Boden) backen. Den Pizzastein oder das Pizzablech im Ofen oder unter einem Grill maximal vorheizen. Die Teigkugeln aus der Schüssel heben und auf ein leicht bemehltes Brett legen. Mit den Fingern auf die Mitte der Teigkugel drücken und eine dünne Wulst am Rand formen. Dann mit den Händen von der Mitte des Teigs aus eine ovale oder runde Pizza mit ca. 25 cm Ø formen.

Auf die Pizzaböden je 2 EL der Zwiebelsuppe verteilen. Den Rand frei lassen, damit die Wulst gut aufgehen kann. Dann den Teig mit ein paar Zwiebelringen und je einem Viertel der Ziegenkäsewürfel belegen.

Die Pizzen auf den heißen Stein oder auf die Pizzableche legen. Im Backofen 5-7 Minuten backen. Wenn die Kruste anfängt braun zu werden, ist die Pizza fertig.

Aus dem Ofen nehmen, je ein Viertel der Rote-Bete-Würfel (oder ein Viertel des Pürees) und je ein Viertel der Brunnenkresse auf den Pizzen verteilen. Mit Balsamico-Creme beträufeln, in Stücke schneiden und sofort servieren.

Tom Deweys Tipps:

Den rohen Pizzateig lieber nicht mit einem Nudelholz ausrollen, sondern immer langsam mit den Händen, so bleibt die Luft im Teig und der Rand wird schön hoch. Die Pizza braucht im Ofen einen sehr heißen Boden direkt unter dem Teig (Pizzastein oder -blech), sie darf nicht auf dem Rost im Ofen „schweben". Der Belag kann auch am Vortag vorbereitet und im Kühlschrank aufbewahrt werden.

gesehen:

hi

FISHCAKES

Ergibt 2-3 Portionen

TYPICAL
STREETFOOD

400 g mehligkochende Kartoffeln

250 g gemischte Fischfilets (z. B. Lachs, Kabeljau und geräucherte Forelle)

1 EL Schnittlauchröllchen

1 EL Kapern

2 Sardellenfilets in Öl, abgetropft und fein gehackt

1 Ei, verquirlt

40 g Mehl

50 g frische Semmelbrösel

1 EL Butter

1 EL Distelöl

Salz und weißer Pfeffer

Die Kartoffeln schälen und in gleich große Stücke schneiden. In kaltem Wasser in einem großen Topf aufsetzen und zum Kochen bringen, erst dann großzügig salzen. Die Hitze leicht reduzieren, die Kartoffeln köcheln, bis sie gar sind, aber noch nicht zerfallen. Abtropfen lassen und für 1 Minute zurück in den Topf geben, damit sie abdampfen, dann grob mit einer Gabel zerdrücken. Das Püree soll noch stückig sein.

Den Fisch in eine hohe Pfanne geben und Wasser zugießen, bis der Fisch knapp bedeckt ist. Zum Kochen bringen, dann 3-5 Minuten sanft köcheln – je nach Größe der Filets –, bis die Haut (falls vorhanden) sich leicht abziehen lässt und die Filets flockig werden. Abgießen und die Haut abziehen. Zum Abkühlen beiseitestellen.

Den abgekühlten Fisch zerpflücken und zusammen mit dem Kartoffelpüree in eine große Rührschüssel geben. Schnittlauch, Kapern und Sardellen dazugeben und vorsichtig vermengen. Mit Salz und Pfeffer würzen. Ein wenig Ei untermischen, damit die Mischung mit den Händen zu vier großen oder sechs kleineren Bratlingen geformt werden kann.

Das restliche Ei, Mehl und Semmelbrösel jeweils in separate tiefe Teller geben. Jeden Fishcake zuerst in Mehl, dann in Ei und schließlich in Semmelbröseln wenden, bis er rundum paniert ist. Mindestens 30 Minuten im Kühlschrank fest werden lassen.

Butter und Öl in einer Pfanne erhitzen, bis die Butter schäumt. Die Fischfrikadellen darin von jeder Seite 5 Minuten bei mittlerer Hitze goldgelb braten.

Britische SUPERKÖCHE

Profis und Amateure, die sich zu richtigen Stars gekocht haben

DER COOLE KOCH

JAMIE OLIVER

Geboren: 1975

Spitzname: The Naked Chef (abgeleitet von seiner gleichnamigen ersten TV-Sendung)

Ausbildung: Abschluss in Hauswirtschaftslehre, erster Job: Konditor im Londoner Restaurant „Neal's Yard", Souschef im „The River Cafe"

Markenzeichen: Seine Mission ist, die Menschen dazu zu bringen, wieder mehr zu kochen und sich besser zu ernähren.

Stil: britische und italienische Küche

Skandal: Zeigte in seiner Sendung die unzensierte Schlachtung eines unbetäubten Lammes, um bewussteren Fleischkonsum zu propagieren.

Feind: Gordon Ramsay. Der Rivale hat ihn schon mehrfach öffentlich kritisiert. Beste Beleidigung aus Ramsays Munde: „Man sollte vorsichtig sein, wenn man über den großen Teich den Amerikanern beibringen will, sich besser zu ernähren – und dabei selber nicht in Topform ist."

Vermögen: Etwa 180 Millionen Euro – damit ist Jamie Oliver der reichste Koch der Welt.

Imperium: TV-Sendungen, über 15 Kochbücher, ein eigenes Magazin, die Restaurantkette „Jamie's Italian", ein Werbedeal mit der Supermarktkette Sainsbury's

Glamourfaktor: 7/10

DIE SEXY KÖCHIN

NIGELLA LAWSON

Geboren: 1960

Spitzname: Domestic Goddess

Ausbildung: Studierte moderne und mittelalterliche Linguistik an der Oxford University, arbeitete danach als Redakteurin und Restaurantkritikerin, u. a. bei der Sunday Times.

Markenzeichen: Möchte dem Hausfrauen-Image mehr Glamour verleihen.

Stil: einfaches und unprätenziöses Kochen

Skandal: Drogenmissbrauch, Prozess gegen ehemaliges Personal und Rosenkrieg

Feind: ihr Ex-Ehemann, der deutlich ältere Kunstsammler Charles Saatchi, der sie im Beisein von Paparazzi am Hals packte und würgte

Vermögen: 10 Millionen Euro

Imperium: die Bestseller-Bücher „How to eat", „How to be a Domestic Goddess", TV-Sendungen, u. a. „Nigella Bites", „Nigellissima", „The Taste"

Glamourfaktor: 9/10

DER WÜTENDE KOCH

DER BELIEBTE KOCH

GORDON RAMSAY

Geboren: 1966

Ausbildung: Studierte Hotelmanagement, arbeitete dann im „Wroxton House Hotel", „Wickham Arms" und im „Harvey's" unter Starkoch Marco Pierre White.

Markenzeichen: Bringt Restaurantgerichte und -qualität in die heimische Küche.

Stil: Haute Cuisine

Skandal: 2008 kam heraus, dass Ramsay seine Frau mehrfach betrogen haben soll, da einige der Geliebten bei der Klatschpresse auspackten.

Feind: Starköche Mario Batali, Marco Pierre White, Jamie Oliver

Vermögen: etwa 85 Millionen Euro

Imperium: Konnte mit seinen Restaurants (u. a. „Restaurant Gordon Ramsay", „Savoy Grill", „Murano") in der Vergangenheit insgesamt 18 Michelinsterne sammeln. TV-Sendungen wie „Hell's Kitchen", „The F Word", „Ramsay's Kitchen Nightmares", „MasterChef". Kochbücher: „Passion for Flavour", „Chef For All Seasons"

Glamourfaktor: 8/10

NIGEL SLATER

Geboren: 1958

Ausbildung: Studierte Gastronomie am Worcester Technical College, arbeitete in verschiedenen Restaurants und begann 1988 eine Karriere als Food-Journalist bei der Zeitschrift Marie Claire.

Markenzeichen: Gibt Klassikern einen neuen Twist und will sie wieder interessant machen.

Stil: Hausmannskost

Skandal: Ein öffentlicher Streit mit den Stiefschwestern. In der Autobiographie, die Nigel Slater schrieb und die mit Helena Bonham Carter verfilmt wurde, wird die Stiefmutter sehr negativ dargestellt. Nigels Stiefschwestern beschuldigten ihn, Lügen verbreitet zu haben.

Feind: Nicht umsonst ist er der beliebteste Fernsehkoch der Briten: Der sanfte Brite hat keine Feinde!

Vermögen: unbekannt

Imperium: TV-Sendungen wie „Nigel Slater's Real Food Show", „A Taste of My Life" und „Simple Suppers". Autor einer Kolumne im The Observer. Viele Kochbücher: „Eat", „The Kitchen Diaries", „Real Cooking", „The 30-Minute Cook", „Real Fast Food"

Glamourfaktor: 5/10

Miss Violets Tipp:

Die Puttanesca-Sauce hat ihren Namen, weil alle
Zutaten nicht frisch, sondern aus Gläsern und
Dosen sind und die Sauce damit selbst im Bordell
schnell gekocht ist.

Nigella Lawson veröffentlichte die „Slut's Pasta",

abgeleitet von den italienischen „Spaghetti alla puttanesca",

wörtlich: Spaghetti nach Hurenart, als Gericht des Tages auf ihrer

Webseite mit Blick auf Trinny Woodwall, die neue Freundin ihres Exgatten Charles Saatchi.

Diese hatte es gewagt, nur wenige Stunden zuvor auf einer anderen Webseite

unter anderem über die „großen Hupen" der Köchin zu witzeln.

Hier ist das Rezept für ein Gericht, das Sie auch einmal

für IHRE ärgste Feindin kochen können.

SLUT'S SPAGHETTI *à la Nigella* Für 4 Personen

3 EL Olivenöl

8 Sardellen, abgetropft und fein gehackt

2 Knoblauchzehen,

geschält und in dünne Scheiben geschnitten, gepresst oder gerieben

½ TL Chiliflocken (oder 1 eingelegte rote Jalapeño-Chili, abgetropft und fein gewürfelt)

500 g Spaghetti   400 g gehackte Tomaten aus der Dose

150 g entsteinte schwarze Oliven, gehackt   2 EL kleine Kapern, abgespült und abgetropft

3 EL frisch gehackte Petersilie zum Servieren

Salz und frisch gemahlener schwarzer Pfeffer

Gesalzenes Wasser für die Nudeln aufkochen.

Das Öl in einer großen, tiefen Pfanne erhitzen. Bei mittlerer Hitze die fein gehackten Sardellen darin

3 Minuten dünsten und dabei mit einem Holzlöffel drücken und schieben, bis die Sardellen fast

„geschmolzen" sind. Dann Knoblauch und Chiliflocken hinzufügen und 1 weitere Minute rösten.

Die Spaghetti nach Packungsanweisung bissfest garen.

Die Tomaten, Oliven und Kapern zur Sardellen-Knoblauch-Mischung geben und etwa 10 Minuten unter

ständigem Rühren kochen. Nach Belieben mit Pfeffer und Salz nachwürzen.

Wenn die Nudeln fertig sind, eine Espressotasse voll Kochwasser abnehmen und beiseitestellen.

Die Nudeln abgießen, abtropfen lassen und mit dem Tässchen Kochwasser zur Sauce geben.

Mit gehackter Petersilie bestreut servieren, möglichst nach

„Slut" Art mit einer Zigarette zwischen karminrot geschminkten Lippen.

AFTERNOON TEA

Gegen 17 Uhr macht man in Großbritannien eine Pause, die nicht gestört werden darf

An der Bar des „Charlotte Street Hotels" in der Innenstadt Londons gibt es einen Bereich mit einigen hübschen Sitzgruppen, in denen man sich auf einen Drink vor dem Dinner oder auch zum Afternoon Tea treffen kann. Eher zufällig bin ich auf einer Tour rund um die Oxford Street an diesem Hotel vorbeigekommen und irgendwie packte mich spontan die Lust auf einen Drink mit mir selber.

Manchmal, wenn die Laune wirklich ausgezeichnet ist, reicht einem eine solch auserlesene Gesellschaft vollkommen aus und man kehrt irgendwo ein – ganz ohne Begleitung oder Verabredung. Es war etwa 18 Uhr und ich bestellte ein Glas Champagner, aß dazu ein paar unverschämt scharfe Nüsse und ließ die Gedanken schweifen. Irgendwann kamen zwei Herren und setzen sich an den Tisch nebenan. Die beiden Briten trugen Anzüge und Kra-

watten, redeten mit typischem Londoner Akzent, hatten schon die ersten grauen Haare und trugen beide einen goldenen Ring am linken Ringfinger (in England trägt man den Ehering nämlich anders als in Deutschland an der linken Hand). Anzugsmänner dieser Art gibt es in London tausendfach, also wahrlich kein Grund auszuflippen. Meine Aufmerksamkeit erregten die beiden erst, als ihre Bestellung vor ihnen serviert wurde: Tee in einer weißen Porzellankanne mit zartem, pastelligem Blumenmuster sowie die beiden dazugehörigen Teetassen mit Untertassen, natürlich ebenfalls mit zartem Blumendekor. In den großen Männerhänden wirkten die Tässchen wie Puppengeschirr. Das Porzellan sah aus wie von Laura Ashley und hätte wohl ausgezeichnet zu den Müttern oder Töchtern der beiden Teetrinker gepasst; die Anzugträger jedoch verloren im Nu jeden Funken Männlichkeit. Und dann wurde die Etagere gebracht: Als befänden wir uns im Palast von Marie Antoinette, lagen auf der nicht besonders großen, dreistöckigen Etagere ganz oben mundgerecht geschnittene Stücke von Pfirsich, Ananas und allerlei Beeren, darunter Petit Fours mit rotem Gelee, kleine Cupcakes mit leuchtend zitronengelbem Frosting, Brownies in Legostein-Größe und ganz unten Scones mit Rosinen mit perfekter Bräunung und Rundung neben Sandwiches in länglicher Fingerform. Da erkannte ich: Afternoon Tea ist irgendwie gar nichts für Männer! Eventuell können Briten sich diese zuckersüße Puppenteestunde noch leisten, weil sie ohnehin die Grenze zwischen heterosexuell, metrosexuell und homosexuell ständig in alle Richtungen überschreiten. (Lesen Sie dazu auf Seite 118 über britische Männer.) Bei allen anderen sehe ich aber keine Chance, das Testosteronlevel beim Afternoon Tea sichtbar zu halten.

Mir war das vorher noch nie so aufgefallen, denn an den empfohlenen Afternoon-Tea-Hotspots, meistens exklusive Hotels wie das „Ritz", „The Connaught" oder „Claridge's", sitzen meist weit gereiste Touristengruppen hinter den Kännchen und Scones-Bergen. Das soll nicht heißen, dass Afternoon Tea nur für Touristen und daher strikt zu meiden sei! Auch Engländer pausieren gern am späten Nachmittag und trinken erst einmal in Ruhe eine Tasse Tee, mindestens begleitet von Bisquits. Das ist dann fast ein heiliges Ritual, das nicht gestört werden darf.

Dazu fällt mir eine kleine Geschichte ein: Vor vielen Jahren arbeitete ich für einige Wochen bei einem Londoner Mode-Label, wahrscheinlich weil ich das für ziemlich schick und cool hielt und diese Erfahrung mir sehr erstrebenswert schien. In Wirklichkeit war es keineswegs schick, sondern ein Schock. Jeden Tag musste unser Team, bestehend aus Näherinnen, Designern, Musterschneidern und Marketing-Leuten, in einem gigantischen Loft um neun Uhr morgens mit der Arbeit beginnen. Wir durften keine Pausen machen, zum Mittagessen nicht länger als zwanzig Minuten verschwinden und vor 22 Uhr kamen wir meistens aus der Tür der großen Fabrikhalle nicht wieder heraus. Aber jeden einzelnen Tag, und zwar ohne eine Ausnahme, wurden am späten Nachmittag von den Praktikanten ein paar Tabletts mit Tee, Kuchen und Keksen hineingetragen. Dann versammelten sich alle und atmeten ganz kurz einmal durch – exakt so lange, wie man braucht, um eine Tasse Tee zu trinken. Seither weiß ich, wie wichtig Engländern ihr Tee ist, dass sie ihn am liebsten sehr stark und mit ein bisschen Milch trinken.

Zurück zum eleganten Afternoon Tea. Ich bin zwar persönlich immer eher für ein ausgedehntes Mittagessen oder ein beeindruckendes Dinner, aber wenn Sie am späten Nachmittag schon Hunger und keine kulinarischen Pläne für den Abend haben, ist der Afternoon Tea – vor allem im „The Wolseley" oder „Claridge's" – ein unvergessliches Erlebnis. Vergessen Sie nur nicht, früh genug zu reservieren! Im „The Wolseley" drei Wochen, im „Claridge's" mindestens zwei Monate im Voraus.

Egg-Mayo-Sandwich
mit Kresse
Ergibt 2-3 Sandwiches

4 Bio-Eier,

hart gekocht

6-8 EL Mayonnaise

Butter

4-6 Scheiben Weißbrot ohne Rinde

1 Bund Brunnenkresse,

gewaschen und von den Stielen befreit

Die Eier schälen, in eine kleine Schüssel legen und mit einer Gabel zerdrücken.

Die Mayonnaise zugeben und verrühren.

Die Brote mit Butter bestreichen und in gleich große Quadrate schneiden.

Die Hälfte der Brote mit Mayonnaise-Ei-Mischung und Kresse belegen,

dann mit den restlichen Brotscheiben bedecken.

Zum Servieren die Sandwiches in Dreiecke schneiden.

☞ Vorne: Finger-Sandwich mit Räucherlachs & Kaviar, dahinter: Finger-Sandwich mit Prosciutto & Feige,

ganz hinten: Egg-Mayo-Sandwich mit Kresse

Finger-Sandwich
mit Prosciutto & Feige

Ergibt 6 Finger

Butter

4 Scheiben Weißbrot

50 g dünner Prosciutto-Aufschnitt

1 frische Feige

½ TL Olivenöl

½ TL Balsamico

Rucola

Salz und frisch gemahlener schwarzer Pfeffer

Die Brotscheiben mit Butter bestreichen, zwei der Scheiben mit Prosciutto belegen.

Die dunkle Haut der Feigen abziehen, dann die Früchte in dünne Scheiben schneiden.
Auf dem Schinken verteilen.

Öl und Essig mischen. Mit Salz und Pfeffer würzen, dann die Mischung über die Feigen träufeln.
Den Rucola auf den Feigen verteilen und die beiden übrigen Scheiben Brot auflegen.

Vor dem Servieren die Rinde abschneiden und die Sandwiches
in längliche Stäbchen („Finger") schneiden.

Foto der Finger-Sandwiches auf Seite 32

Finger-Sandwich
mit Räucherlachs & Kaviar

Ergibt 6 Finger

100 g Frischkäse

3 TL Kapern, gehackt

Butter

4 Scheiben dunkles Toastbrot

100 g Räucherlachs

50 g Harenga-Kaviar

¼ Schalotte, fein gehackt

einige Zweige Dill

frisch gemahlener schwarzer Pfeffer

Den Frischkäse mit Kapern und etwas Pfeffer verrühren.

Alle Brotscheiben mit Butter, dann zwei Scheiben zusätzlich mit dem Frischkäse bestreichen.
Auf den Frischkäsescheiben Lachs, Kaviar, Schalotte und Dill verteilen.
Mit den beiden übrigen Brotscheiben bedecken.

Vor dem Servieren die Rinde abschneiden und die Sandwiches
in längliche Stäbchen („Finger") schneiden.

ERDBEER-SCONES

Ergibt ca. 18 Scones (6 cm Ø)

250 g frische Erdbeeren

250 g Mehl zum Brotbacken (Type 550, 812)

250 g Mehl (Type 405)

20 g Backpulver

1 Prise Salz

100 g Zucker

100 g weiche Butter

230 ml Milch (vielleicht ein bisschen

mehr, wenn der Teig zu trocken erscheint;

das hängt von den Erdbeeren ab)

1 Eigelb

1 EL Puderzucker

Erdbeerkonfitüre

Clotted Cream (ersatzweise Crème double

oder Frischkäse)

Den Backofen auf 200 °C vorheizen.

Die Erdbeeren putzen und vierteln. Auf einem mit Backpapier ausgelegten Backblech ausbreiten und im vorgeheizten Ofen 15-25 Minuten backen, bis sie trocken sind. Sollten sie anfangen, zu viel Farbe zu bekommen, die Hitze auf 180 °C reduzieren. Die Erdbeeren danach vollständig abkühlen lassen.

Beide Mehlsorten mit Backpulver, Salz und Zucker in eine Schüssel geben, die Butter in Flocken dazugeben und mit den Händen in der Mehlmischung zerreiben.

Die abgekühlten Erdbeeren untermischen, sodass alle Erdbeeren mit den Mehlstreuseln durchmischt sind. Nach und nach die Milch zugießen und alles mit den Händen kneten. Falls der Teig zu trocken ist, noch ein wenig mehr Milch nachgießen, dann für 30 Minuten in den Kühlschrank stellen.

Den Teig auf einer leicht bemehlten Arbeitsfläche 3-4 cm dick ausrollen und mit einem Ausstecher (6 cm Ø) Kreise ausstechen.

Die Scones auf zwei mit Backpapier ausgelegten Backblechen verteilen. Eigelb und Puderzucker verrühren und die Scones damit einpinseln, das gibt später einen schönen Glanz.

Die Scones für 2 Stunden im Kühlschrank kalt stellen, damit sie beim Backen ihre Form behalten. Anschließend im vorgeheizten Backofen bei 180 °C 20-25 Minuten backen.

Die gebackenen Scones auf einem Kuchengitter vollständig abkühlen lassen, dann dick mit Puderzucker bestäuben. Mit Erdbeerkonfitüre und Clotted Cream servieren.

Der Borough Market an der London Bridge
EIN MARKT ZUM TRÄUMEN

Für die einen ist der Borough Market eine Touristenattraktion, für die anderen ein Gourmetparadies. Ich persönlich liebe den Borough Market, weil man schlecht gelaunt hingehen kann und auf jeden Fall gut gelaunt wieder fortgeht – man darf sich das Prinzip vorstellen wie bei Holly Golightly und Tiffany's. „Nichts Schlimmes kann dir hier passieren", sagt Holly in „Frühstück bei Tiffany's" über das Juweliergeschäft an der Fifth Avenue; und so ist es mit dem Borough Market an der London Bridge auch. Nur ist man hier eben nicht entzückt vom Glitzern großer Diamanten, sondern von dem perfekten Ebenmaß gigantischer Gänseeier.

Der älteste Lebensmittelmarkt Londons ist bunt wie ein Regenbogen aus Gemüse und überall duftet es fein, mal nach Schnittblumen, mal nach frisch gebratenen Burgern. Ob man nun einen ganzen Schweinekopf zum Abendessen zubereiten möchte, Lust hat auf einen L'Edel de Cleron aus Frankreich oder Pfifferlinge aus Schottland sucht – an den über 100 Ständen wird jeder, wirklich jeder kulinarische Wunsch erfüllt. Ich liebe den jungen und sehr ernsten, rothaarigen Engländer mit Bäuchlein und Bart, der Biersorten aus bunten Flaschen und dunklen Fässern verkauft, die „Posh Banger Boys", die Mittagessen für echte Männer grillen, die liebevoll aufgebaute Pie-Pyramide beim Fleischer „Ginger Pig", die Gemüsestände mit den 14 Tomatensorten, die französischen Bäcker, deren Brot und Törtchen aussehen wie Requisiten aus einem Film mit Juliette Binoche, und sogar den schlecht gelaunten deutschen Bratwurstverkäufer in Militärjacke, bei dem die Engländer für Thüringer und Krautsalat im Brötchen Schlange stehen.

Begleitet hat mich auf den Borough Market mein Freund Andrew, dessen Lieblingsmarkt eigentlich der Maltby Street Market ist, ganz in der Nähe vom Borough Market liegt und samstags – so Andrew – der wahrscheinlich beste Markt der Stadt ist. Andrew ist ein fantastischer Meister am Herd und kocht sich gern in Rage - kein Rezept kann ihm langwierig und kompliziert genug sein. Eines Tages wird er wahrscheinlich ein eigenes Kochbuch herausbringen, das „Gerichte, für die Sie mehrere Tage in der Küche stehen müssen" heißen und

sich gegen den 15-Minuten- und Express-Gerichte-Trend stellen wird. Für mich macht Andrew Cottage Pie, einen echten britischen Klassiker, für den man nicht mehrere Tage in der Küche stehen muss.

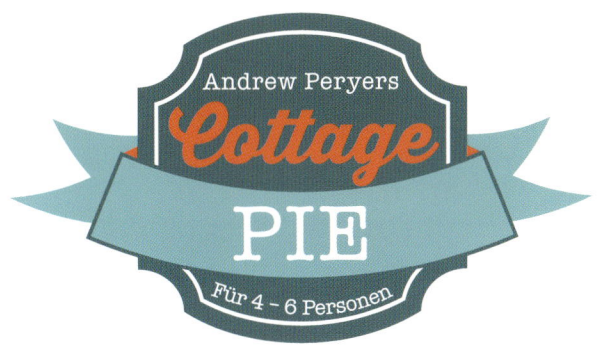

FLEISCH

750 g Vorderhesse vom Rind (in Scheiben oder am Stück)

1 kg Kurze Rippe vom Rind (mit Knochen, in große Stücke geschnitten)

200 ml Portwein

700 ml kräftiger Rotwein

4 frische Lorbeerblätter

je 4 frische Rosmarin- und Thymianzweige

1 EL Butter   2 EL Olivenöl

Salz und frisch gemahlener schwarzer Pfeffer

GEMÜSE

2 Zwiebeln, fein gehackt

2 Karotten, fein gehackt

2 Selleriestangen, fein gehackt

4 EL konzentriertes Tomatenmark

500 ml Passata

50 ml Worcestersauce

50 ml Balsamico

400 g Tiefkühlerbsen, blanchiert

1 EL Butter   2 EL Olivenöl

Salz und frisch gemahlener schwarzer Pfeffer

KARTOFFELHAUBE

1 kg mehligkochende Kartoffeln

250 ml Milch

150 g Butter

PIE

400 g reifer Cheddar

50 g Parmesan

ZUBEREITUNG

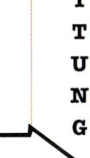

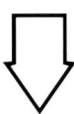

Alle Zutaten für das Fleisch in eine große Schüssel geben und abgedeckt 24-48 Stunden marinieren.

In einem großen Bräter bei mittlerer Hitze Butter und Öl erhitzen. Wenn die Butter zu schäumen beginnt, die Rinderstücke hinzufügen und rundum kräftig anbräunen. Mit der Marinade ablöschen, 1 l Wasser zugießen und die übrigen Zutaten aus der Marinade zugeben.

Sobald der Siedepunkt erreicht ist, die Hitze reduzieren, sodass es gerade noch kocht. Mit Salz und Pfeffer abschmecken. 3 Stunden sanft köcheln lassen.

Das Rindfleisch anschließend aus der Sauce heben und abkühlen lassen, dann das Fleisch vom Knochen lösen und in 1 cm dicke Stücke zupfen. Die Sauce durch ein Sieb passieren und beiseitestellen. Für die Zwiebelmischung in einem Bräter erneut bei mittlerer Hitze Butter und Öl erhitzen. Langsam die Zwiebeln, Karotten und den Sellerie darin glasig anschwitzen. Mit Salz und Pfeffer würzen, danach das Tomatenmark hinzufügen und einige Minuten kochen. Jetzt die Fleischstücke, die Passata, die passierte Fleischsauce, die Worcester-

sauce und den Balsamico hinzufügen. Etwa 20 Minuten offen köcheln lassen, bis die Mischung dick und sämig ist. Zum Schluss die Erbsen dazugeben und alles zum Abkühlen beiseitestellen.

Die geschälten Kartoffeln in leicht gesalzenem Wasser 15-20 Minuten kochen, dann abschütten.

Die Milch langsam erhitzen. Die Kartoffeln in der warmen Milch stampfen, die Butter hinzufügen und mit Salz und Pfeffer kräftig abschmecken. Das optimale Ergebnis ist ein recht trockener Kartoffelbrei. Den Cheddar grob und den Parmesan fein reiben.

Den Ofen auf 180 °C vorheizen. Das lauwarme Fleisch und Gemüse mit der Sauce in eine große, rechteckige Auflaufform geben. Mit einem Spritzbeutel und sehr großer Tülle oder einfach einem Löffel den kalten Kartoffelbrei darüber verteilen. Im Ofen 40 Minuten backen. Herausnehmen, den Kartoffelbrei mit den beiden Käsesorten gleichmäßig bestreuen und weitere 20 Minuten backen, bis eine schön gebräunte Kruste entsteht. 5 Minuten ruhen lassen, dann servieren.

DIE STARS DES WEST END
... oder warum Theater in London cool ist

Das Restaurant von Elaine Chambers auf der Kingsland Road (Nummer 464) hat einen ungewöhnlichen Namen und liegt in einer eher rauen Nachbarschaft Dalstons, umgeben von Charity-Shops, Teppichläden und Reinigungen. „A Little Of What You Fancy" ist eine Oase des Britischen inmitten einer multikulturellen Gegend, die vor allem von Immigranten und zugezogenen Mode- oder Kunststudenten bewohnt wird. Afrikanische Kaftane, indische Turbane und die hip gemeinten, aber abgerissen wirkenden Outfits der übrigen Dalston-Crowd sind hier der „Streetlook".

Elaine kommt aus Schottland und ist nicht nur Inhaberin, sondern auch Küchenchefin ihres Restaurants und damit die einzige Mitarbeiterin in ihrer kleinen Küche. Hier bereitet sie Lunch und Dinner für ihre Gäste zu und am Wochenende sogar noch Brunch – die etwa 30 Plätze sind immer ausgebucht. Ihr Lokal ist stylish eingerichtet mit Patina – die Engländer nennen das „shabby chic". Ihr Smoked Salmon ist der Beste, den man auf der Insel bekommen kann. Wie alle Zutaten, die sie verwendet, kommt auch der Lachs von einem Anbieter aus East London: Ein junger Norweger namens Ole Hansen räuchert den Fisch hier nach altem Familienrezept. Für uns macht Elaine Blumenkohl-Fritters, siehe Seite 49.

Der Name „A Little Of What You Fancy" ist eigentlich ein Song-Titel aus dem Jahr 1915 von der Sängerin und Komödiantin Marie Lloyd, ein Star des Londoner West End, Enfant terrible und Entertainerin. Als mir Elaine von Marie Lloyd erzählte, fiel mir eine andere Hommage an einen West End Star der Vergangenheit ein: An der Bar des „Hawksmoor" gibt es einen Cocktail namens „Champagne Charlie". Er erinnert an das gleichnamige Lied, zu dem George

Leybourne den Text geschrieben hatte und es 1866 erstmals aufführte – später war es auch sein Spitzname. Erstaunlich, dass junge Londoner heute noch wissen, wer vor 150 Jahren ihre Stadt rockte.

Das Londoner West End ist zwar ein touristisches Zentrum, aber ohne wie üblich die Einheimischen davon abzuschrecken, ebenfalls hierherzukommen – und zwar nicht nur die Erdkundelehrer und Rentner unter ihnen. Selbst mein Lieblings-Royal Prinz Harry hat hier mit Freundin Cressida Bonas „The Book of Mormon" besucht, das derzeit beste Stück im West End, und wurde beim Verlassen des Theaters fotografiert. Die Londoner lieben ihre Theater. Wenn ein neues Stück des Autors Tom Stoppard zu sehen ist, wird es überall besprochen und niemand will es verpassen. Wenn Jude Law Shakespeares „Henry V." spielt, sind die Karten schnell ausverkauft. Regelmäßig stehen hier große A-List Stars auf der Bühne: von Judi Dench bis Helen Mirren, von Kevin Spacey bis Carey Mulligan.

Die Straßen um den Leicester Square sind wahrscheinlich das genaue Gegenteil von dem, was viele als romantisch bezeichnen würden: Vor allem am

Wochenende ist es so voll, dass man konzentrierten Slalom gehen muss, um mit niemandem zusammenzustoßen. Da wären asiatische Reisegruppen, Mitglieder feucht-fröhlicher Männerabende, Straßenverkäufer, die einem batteriebetriebene Tanzhunde oder leuchtende Bälle andrehen wollen. Hier oder da riecht es mal nicht so gut, vielleicht spielt auch jemand voller Selbstüberschätzung schief auf der Geige und vor schlechten Restaurants wird man von Männern mit schwer definierbarem Akzent und viel Pomade im Haar angesprochen und hineingelockt.

Trotzdem, das West End ist irgendwie sexy und perfekt für ein Date. Man muss sich an den Händen halten, um sich nicht zu verlieren – ein bisschen wie in einem apokalyptischen Endzeitfilm. Vor der Show kann man an der Bar bei „J Sheekey" einen gepflegten Drink nehmen, danach auf ein paar Hot Dogs und Milchshakes in Jamie Olivers Diner vorbeischauen oder sich in Chinatown eine Pekingente teilen. Und dann ist da die Show selber! Niemals würde ich mir in Deutschland ein Musical ansehen. Nerviger Gesang von überschminkten Menschen in Löwenkostümen, auf Rollschuhen und hinter venezianischen Masken ... Das ist eher eine Strafe als Unterhaltung. Die Shows im West End kann man ohne einen einzigen Moment des Fremdschämens oder der Langeweile erleben.

A Little Of What You Fancy
464 Kingsland Rd
London E8 4AE
+44 20 7275 0060

www.alittleofwhatyoufancy.info

BLUMENKOHL-FRITTERS mit Kräutern,

Röstzwiebeln, *Sumach und Granatapfel*

NACH ELAINE CHAMBERS

BLUMENKOHL

1 kleiner Blumenkohl

etwas Minze, Koriander, Petersilie

½ rote Zwiebel   1 Ei   60 g Mehl

½ TL Backpulver

1 Prise Madras-Currypulver

Salz und frisch gemahlener schwarzer Pfeffer

Oliventresteröl zum Braten

SALAT

1 rote Zwiebel

½ Granatapfel

1 Prise Sumach

1 EL Granatapfel-Melasse

Abrieb von 1 unbehandelten Zitrone

Den Blumenkohl in kleine Röschen zerteilen und waschen. Minze, Koriander und Petersilie waschen und hacken. Die halbe rote Zwiebel fein hacken. Das Ei verquirlen, Mehl und Backpulver hineinrühren und mit Blumenkohlröschen, Kräutern und Zwiebeln vermengen. Mit Madras-Currypulver, Salz und Pfeffer würzen.

Reichlich Öl in einer Pfanne mit hohem Rand erhitzen und die Blumenkohlröschen ausbacken, bis sie eine goldene Farbe angenommen haben. Wenden, so werden sie schön knusprig.

Mit einem Schaumlöffel herausheben und auf Küchenpapier abtropfen lassen.

Für den Salat die Zwiebel in Spalten schneiden, mit Öl bestreichen und im Backofen rösten. Die Kerne aus dem Granatapfel herauslösen.

Auf einem Teller die Blumenkohlröschen mit den gerösteten Zwiebeln garnieren, mit Sumach, Granatapfelkernen, Melasse und Zitronenschale anrichten und servieren.

MEXIKO IN SOHO

Ein Keller-Restaurant für die coolen Kids

Mexikanische Küche erlebt gerade einen solchen Boom in London, dass man diesen Trend nicht ignorieren kann. Da sind Restaurantketten wie „Chipotle Mexican Grill", überhypte Lokale wie „La Bodega Negra" in Soho und Pop-up-Restaurants wie das der Britin Sarah Cotterell, die in ihrem Supperclub „The Little Cooking Pot" mexikanisch und vegan kocht – das Ticket (kann man online unter www.thelittlecookingspot.co.uk kaufen) kostet 22 Pfund, wofür die Gäste fünf Gänge serviert bekommen und die Donnerstage sind immer ausgebucht. Familiär und ungezwungen geht es hier zu, es gibt keinen Dresscode, Freunde sind schnell gefunden. Das Essen wird „Family Style" serviert, in großen Schalen und Tellern zum Zugreifen und Teilen, nicht individuell auf separaten Tellern angerichtet. Uns verrät Sarah ihr Rezept für Austernpilz-Ceviche (Seite 55).

Anders sieht es im „La Bodega Negra" aus. Dresscode? Yes, please! Frauen sollten sexy angezogen sein, Männer dürfen keine Anzüge tragen, denn Gruppen von Geschäftsmännern will man hier nicht haben, sondern sollten sich zum Beispiel am Look von David Beckham orientieren (casual-smart nennt man es). Früher befand sich dort, wo heute das Restaurant ist, ein Sexclub, und auch wenn das

Lokal von außen immer noch aussieht wie ein Bordell, sollte man sich mit seinem Look Mühe geben, denn im Kellergeschoss sitzen die coolen Kids der Stadt. Suchen Sie also nicht nach einer Speisekarte, die draußen an der Tür befestigt ist, sondern nach Neonschriften, die die schönen Worte „Adult Video", „Girls Girls Girls" oder „Peep Show" formen. Ein weiterer Tipp: Buchen Sie Ihren Tisch mit mindestens zwei Wochen Vorlauf, um nicht mit einer Seniorenuhrzeit wie 18.30 abgespeist zu werden und um den Moment zu erleben, wenn die Musik laut aufgedreht wird und sich das Restaurant in einen clubähnlichen Ort des Wahnsinns verwandelt. Das mag am Mezcal liegen, den man hier trinkt.

In der Old Crompton Street und damit im Herzen Sohos gelegen, passt sich „La Bodega Negra" seiner halb touristischen, halb zwielichtigen Umgebung perfekt an. Bars, Sexshops, Restaurants, Schwulenclubs und Varieté-Theater machen aus einem unschuldigen Stadtteil am Tag einen Ort des Amüsements bei Nacht. Kleine Gässchen, knutschende Pärchen in dunklen Ecken, Türsteher, wie frisch aus dem Gefängnis entlassen, und Betrunkene, die sich an der Häuserwand festhalten müssen, auf der einen Seite; Upperclass-Spots wie der Nobelclub „Soho House", der Nachtclub „The Box" oder das Hotel „Dean Street Townhouse" auf der anderen Seite – richtig gefährlich ist Soho nicht, aber so ganz ungefährlich eben auch nicht.

La Bodega Negra, 9 Old Compton St
London W1D 5JF, www.labodeganegra.com

The Little Cooking Pot Supper Club
Bodega 50, 50 Allen Rd
London N16 8RZ, www.thelittlecookingpot.co.uk

Soho GUIDE

NEUE HOTSPOTS

Polpetto
Die kleine Schwester des berühmten Polpo-
Restaurants (www.polpo.co.uk): italienische
Küche und Cocktails für Lunch und Dinner
www.polpetto.co.uk
11 Berwick Street

DUCK & RICE
Chinesicher Gastropub vom Besitzer des
„Hakkasan" und „wagamama". Unbedingt testen!
90 Berwick Street

Jackson + Rye
Brasserie im amerikanischen Stil, toll für einen
ausgedehnten Sonntagsbrunch (ab 10 Uhr)
www.Jacksonrye.com
56 Wardour Street

Ham Yard Hotel
Neues Hotel mit Pool, Kino und Bowlingbahn
www.firmdalehotels.com
1 Ham Yard

KLASSIKER

mildreds
Eins der besten vegetarischen
Restaurants Londons
www.mildreds.co.uk
45 Lexington Street

THE FRENCH HOUSE
Vor hundert Jahren eröffnet und heute der
Lieblingsort vieler Künstler, Schriftsteller und
Schauspieler. Lunch wird bis 16 Uhr serviert,
abends gibt es nur Snacks.
www.Frenchhousesoho.com
49 Dean Street

Bar Italia
Wurde 1949 eröffnet, damit die italienische
Gemeinschaft in London einen Ort hatte, um
sich zu treffen. Ist 24 Stunden geöffnet und
perfekt, um sich mit einem Kaffee, Panini
oder einem Glas Wein zu erfrischen.
www.baritaliasoho.co.uk
22 Frith Street

lucky voice
Wenn Sie das Gefühl haben, unbedingt Karaoke
singen zu müssen, dann tun Sie es hier:
www.luckyvoice.com
52 Poland Street

MUST DO'S

Bocca di Lupo

Reservieren Sie einen Platz an der
Küchentheke und beobachten Sie das
geschäftige Treiben der Köche. Sie haben
die besten Sitze beim Lieblings-Italiener
vieler Londoner. Eher zum Lunch als
zum Dinner

www.boccadilupo.com

12 Archer Street

FLAT IRON

Hier dreht sich alles nur um eine Sache:
das Steak. Danach kann man ein paar Cocktails
an der Bar im Keller nehmen.
Keine Reservierung möglich

www.flatironsteak.co.uk

17 Beak Street

koya bar

Das beste japanische Frühstück (ab 8.30 Uhr)
der Stadt, eine unvergessliche Erfahrung
für Liebhaber der asiatischen Küche

www.koyabar.co.uk

50 Frith Street

The Coach & Horses

Pub mit „Piano Singalongs" jeden
Mittwoch- und Samstagabend – perfekter
Anlass, um mal wieder „Bohemian Rhapsody"
von Queen zu grölen!

www.coachandhorsessoho.co.uk

29 Greek Street

LA BODEGA NEGRA

www.labodegranegra.com

9 Old Compton Street

Sarah Cotterells
Austernpilz-Ceviche
Für 4 Personen als Vorspeise

2 mittelgroße, weiße Zwiebeln

1 rote Zwiebel

8 Knoblauchzehen

3-cm-Stück frischer Ingwer

250 g Austernpilze

½ Salatgurke

eine Handvoll frischer Koriander

4 TL Kokosöl

Saft von 2 Limetten

Meersalz und frisch gemahlener schwarzer Pfeffer

Die Zwiebeln farblich getrennt würfeln, die Knoblauchzehen und den Ingwer schälen und reiben. Die gewürfelte rote Zwiebel beiseitestellen.

Austernpilze putzen und grob in mundgerechte Stücke zupfen. Die Gurke schälen und würfeln. Koriander waschen und fein hacken. Das Kokosöl in einer Pfanne mit schwerem Boden erhitzen und die weißen Zwiebeln darin braten, bis sie weich und golden sind. Dann den Knoblauch und Ingwer hinzufügen und ein paar Minuten unter häufigem Rühren braten. Die Hitze reduzieren und die Pilze dazugeben. Die Pfanne etwas rütteln und das Ganze weitere 4–5 Minuten braten. Eine kräftige Prise Salz hinzugeben und gut unterrühren. Den Herd abschalten und die Pilze abkühlen lassen.

In einer separaten Schüssel die Gurke, die rote Zwiebel und den Limettensaft vermischen und mit einer Prise Salz und grob gemahlenem Pfeffer würzen. Die abgekühlten Austernpilze in die Schüssel geben und alles gut vermengen. Bei Zimmertemperatur 20–30 Minuten marinieren.

Kurz vor dem Servieren mit Koriander bestreuen und mit Salz und Limettensaft final abschmecken. Köstlich auf Tostadas oder mit Bananen-Chips als Beilage.

CURRY COUNTRY

Verlassen Sie London bloß nicht, ohne einmal indisch gegessen zu haben

Es gibt etwa 1000 indische, pakistanische und bengalische Restaurants in London und die Wahrscheinlichkeit, darunter ein gutes zu finden, ist relativ hoch. Die Küche Indiens, Pakistans und Bangladeschs wird von Briten gern in einem Zug und unter dem Oberbegriff „indisch" geführt, darum mache ich das auch, selbst wenn es ein wenig ignorant erscheint. Nicht einmal die indische Küche lässt sich mit ihren großen regionalen Unterschieden und vielen Spezialitäten über einen Kamm scheren bzw. in einen Topf werfen – wie soll das bei drei Ländern anders sein.

Der Qualitätsunterschied eines Currys oder eines Chicken Tikka Masalas in den Restaurants Londons kann variieren, generell aber kennen sich die Engländer mit der Küche ihrer ehemaligen Kolonien sehr gut aus. Bis vor Kurzem war Chicken Tikka Masala das beliebteste Nationalgericht der Briten – jüngst abgelöst vom chinesischen „Stir Fry" – und nicht etwa Fish & Chips! Daher kann man, abgese-hen vom Herkunftsland natürlich, nirgendwo besser indisch essen als in London. Allerdings hat man manchmal Pech und findet Mais im Chicken Madras Curry, kaum Fleisch im Lamb Saag oder viel zu viele Zwiebeln im Raita. Wir wollen diesen aus ihrer Heimat ausgewanderten Köchen nicht unterstellen, sie würden schlecht über ihre Gäste denken, nach dem Motto: „Was merken die schon?"

Woran erkennen Sie also, ob Sie bei einem Inder einkehren sollten oder lieber nicht? Am Interieur-Design sicherlich nicht. Ähnlich wie bei den Chinesen in China Town ist weder Kargheit noch Kitsch ein Indiz für schlechtes Essen. Grelle Beleuchtung und ungemütliches Ambiente gilt nicht bei weltweit allen Gastronomen als gästefeindlich. Am besten wählen Sie ein möglichst volles Restaurant, auch wenn das bedeutet, dass Sie sich in einem kleinen, überfüllten Lokal an eine Wand pressen und dort etwas warten müssen, bis ein Tisch frei ist.

Auf der Brick Lane in Shoreditch – berühmt als Zentrum der bengalischen Gemeinde Londons, auch Banglatown genannt – reiht sich ein Restaurant an das nächste. „Sheba", „Cinnamon", „Aladin", „The Famous Moonlight" – die Auswahl ist groß, die Qualität mal gut, mal mittelmäßig, die Preise niedrig. Hier wurde mir im „Aladin" ein gutes Mittagessen mit Pappadum und Pilau serviert und ich kann Ihnen dieses unprätentiöse Lokal vorbehaltlos empfehlen. Erwarten Sie keine Meisterleistung vom Service, geben Sie einfach Ihre Bestellung auf und hoffen Sie das beste. Mit Sicherheit werden Sie Kommunikationsschwierigkeiten haben, aber das ist ganz normal, da muss man eben durch.

(Liebe britische Inder in London! Hiermit möchte ich mich offiziell bei euch entschuldigen, und zwar bei all jenen von euch, die von mir nur einen dumm-dämlichen Gesichtsausdruck statt einer Antwort bekommen haben – und das ist nicht selten passiert. Kein Wort habe ich verstanden, von dem, was ihr mir gesagt habt – jetzt kann ich es ja zugeben. Das D, das T, das R, das W, das V, das U – so viele Buchstaben, die bei der indisch-britischen

Aussprache mein Hirn überforderten. Ich habe meistens geraten, worum es gerade geht.)

Im „Aladin" waren die Speisen zweifellos mit Liebe gekocht, der Basmati duftete, das Chicken Korma war cremig und fein, aber die ganze Erfahrung war fast ein bisschen zu profan.

Ganz anders dagegen im „Gymkhana" und „Trishna", zwei Schwester-Restaurants, in denen indisch auf höchstem Niveau gekocht wird und die mit einem Michelin-Star geadelt wurden! Rohit Ghai, dem Chefkoch vom „Trishna", habe ich ein indisches Gericht der Meisterklasse entlocken können. Der junge Inder, der aussieht wie mein verschollener, wohlgenährter Bruder und stundenlang über Gewürze sprechen kann, hat uns sein Lieblingsgericht auf der Speisekarte seines Restaurants verraten.

Trishna
15-17, Blandford Street,
Marylebone Village
London W1U 3DG
www.trishnalondon.com

Gymkhana London
42 Albemarle Street
London W1S 4JH
www.gymkhanalondon.com

Aladin Brick Lane
132 Brick Lane
London E1 6RU
www.aladinbricklane.co.uk

SALMON TIKKA MASALA
mit Ajowan *von Rohit Ghai*
Für 3–4 Personen

800–1000 g Lachsfilets

20 g frischer Ingwer

4–5 grüne Chilischoten

20 g Ingwer-Knoblauch-Paste

Saft von 2 Limetten

50 ml Senföl

15 g Ajowan (Königskümmel)

20 g gemahlene Kurkuma

200 g Joghurt

10 g Garam Masala

schwarzes Salz

Die Lachsfilets waschen, trocken tupfen und in Würfel schneiden.

Den Ingwer schälen und hacken. Die Chilischoten waschen, entkernen und hacken.

Die Fischwürfel in einer Schüssel mit Ingwer-Knoblauch-Paste,
Ingwer, Limettensaft und Chilis gründlich vermischen. Beiseitestellen und ziehen lassen.

Das Senföl in einer beschichteten Pfanne erhitzen, Ajowan und Kurkuma hinzufügen.
Dann die Pfanne vom Herd nehmen und beiseitestellen.

In einer weiteren Schüssel den Joghurt mit Garam Masala und etwas Salz vermischen.
Die Kurkuma-Kümmel-Mischung aus der Pfanne hinzufügen. Den Lachs dazugeben, mit Salz
abschmecken und alles gut mischen. Beiseitestellen und 20 Minuten oder länger marinieren.

Die Lachsstücke auf Spieße stecken und im vorgeheizten Tandoori-Ofen 6–8 Minuten grillen.
Die Spieße auf eine Platte legen und heiß servieren.

Schmeckt mit Dill-Raita besonders gut!

HOLUNDER VS. GRÜNKOHL

oder warum der Londoner immer angesagt sein möchte

{ TRENDY }

Londoner sind trendgeil und auf der ständigen Jagd nach dem, was gerade „in" ist – sei es ein Restaurant, ein neu eröffnetes Hotel oder ein Modetrend, bei dem man unbedingt mitmachen sollte. In keiner anderen Stadt herrscht, so wie hier, ein permanenter Druck, das „Richtige" zu tun. Die Möglichkeiten scheinen unbegrenzt, das Angebot gigantisch. Nicht nur wegen der acht Millionen Einwohner, vor allem wegen der 300.000 Millionäre und Milliardäre, die die besten Gastronomen, Sterneköche, Nachtclubbesitzer und Hoteliers in die Stadt locken.

Es scheint nicht so, als litten die Londoner unter dem Druck, immer in fashion zu sein. Die Energie dieser Stadt generiert sich zum großen Teil aus der puren Möglichkeit, auf einer Hype-Welle mitzuschwimmen. Möchte man neben Kate Moss dinieren, weiß man, wo man einen Tisch buchen sollte: im Restaurant „Marcus" in Knightsbridge zum Beispiel. Will man im angesagtesten Restaurant der Stadt wohnen, bucht man ein Zimmer im „Chiltern Firehouse". Und will man mit den coolen Kids der Stadt tanzen, dann bitte in „Madame Jojo's Night and Cabaret Club".

Ein Ort, der in London in aller Munde sein möchte, muss etwas zu bieten haben, muss beeindrucken, muss A-Prominenz anziehen und in britischen Zeitschriften wie „Vogue", „Tatler Magazine" oder „Style" besprochen werden.

Die Trendgeilheit der Briten ist so ausgeprägt, dass sie sich auf Getränke, Gerichte und sogar einzelne Zutaten ausdehnt. Das Magazin „Style" zum Beispiel, eine Beilage der „The Sunday Times", die den Londonern erklärt, wo es langgeht, widmete der Superzutat 2014 einen mehrseitigen Beitrag – eine

Ehre, die sonst nur Superstars wie Tilda Swinton oder Kylie Minogue zuteil wird. In einer Ausgabe wurde Kale, also Grünkohl, als absolute Trendzutat erkannt und mit dem Artikel noch einmal offiziell dazu gekürt. Grünkohl hat kaum Kalorien und viele gute Nährstoffe zum geringen Preis – ganz London ist 2014 im Grünkohlrausch. Bei der Sandwichkette „Pret a Manger" entdeckte ich kleine Tüten mit Kale-Chips, einer knusprig-köstlichen Alternative zu Kartoffelchips; in einem Magazin las ich ein Rezept für Kale-Eiscreme und auf fast allen Speisekarten fand ich das hippe K-Wort.

Im Jahr zuvor befanden sich die Londoner im Elderflower-Fieber. Holunderblüten wurden vor allem in Sirup- und Likörform mit Champagner und crushed ice getrunken, aber auch als erfrischende Limonade. Der Elderflower-Champagner-Cocktail war der neue Cosmopolitan. Wäre Sex And The City jetzt und nicht schon vor 15 Jahren produziert worden, hätte Carrie Bradshaw ganz sicher Elderflower und Champagner getrunken. Mittlerweile kann man in den japanischen Designläden von Muji Holunderblüten-Duftkerzen kaufen. Anders kann man es nicht sagen: Holunder war und ist hip.

TRENDGERICHTE 2014

Roast Bone Marrow

Kreation von Fergus Henderson / St. JOHN Restaurant: Die Kalbsknochen werden im Ofen geröstet, das Mark mit getoastetem Brot und Petersiliensalat gegessen.

Prawn Cocktail

Der Snack aus den 1970er-Jahren erlebt ein Retro-Revival und wird von den Superköchen Londons als Vorspeise angeboten. Im Restaurant „Scott's" bestellt man unbedingt die Version mit Lobster!

Sticky Toffee Pudding

Auch ein alter Klassiker der britischen Küche darf mal einen Hype erleben: Den Pudding (bitte nicht mit deutschem Pudding verwechseln!) mit Karamellsauce gibt es momentan auch als Sticky Toffee Sundae: ein Eisbecher, den Sie zum Beispiel im „Hawksmoor" bestellen können und der Sie schielen lässt vor Glück!

Banh Mi

Banh Mi ist vietnamesisch und steht für „Brot" – dahinter verbirgt sich das vietnamesische Baguette, eine kulinarische Hinterlassenschaft französischer Kolonialherren. Wird üblicherweise mit Mayonnaise, Koriander, eingelegten Karotten, kaltem Grillfleisch, Leberpastete oder Fleischbällchen belegt.

TOP-ADRESSEN

Marcus

The Berkeley, Wilton Place, Knightsbridge, London SW1X 7RL

The Chiltern Firehouse

1 Chiltern Street, Marylebone, London W1U 7PA

Scott's

20 Mount Street, London W1K 2HE

Madame Jojo's

8–10 Brewer Street, London W1F 0SE

Prawn Cocktail

Für 2-3 Personen als Vorspeise

400 g geschälte Nordatlantik-Garnelen

¼ Kopf Eisbergsalat

½ vollreife Avocado

Paprikapulver

COCKTAILSAUCE

100 ml Mayonnaise

2 EL Tomatenketchup

1 EL Weinbrand

1 TL Zitronensaft

einige Tropfen Worcestersauce

etwas Tabasco

Salz und frisch gemahlener schwarzer Pfeffer

Für die Cocktailsauce alle Zutaten in einer Schüssel verrühren.

Mit Salz und Pfeffer abschmecken.

Den Eisbergsalat putzen und in mundgerechte Stücke schneiden.

Die Avocado schälen und würfeln.

Zum Servieren 2-3 Gläser oder Schalen locker mit Eisbergsalat
und Avocado füllen und die Garnelen darauf anordnen.

Mit einem Klecks Cocktailsauce
und einer Prise Paprikapulver servieren.

Grünkohl

MIT SPECK UND POCHIERTEM EI Von Adam Lieber

Für 2 Personen

1 kleiner Grünkohl, 500–600 g	**1 Chilischote** (alternativ 1 Prise Chiliflocken)
60–80 g Speck (Guanciale oder Pancetta)	**Essig**
1 Zwiebel	**2 sehr frische Eier**
2 Knoblauchzehen	**Parmesan zum Bestreuen**
5 EL Olivenöl	**grob gemahlenes Meersalz und**
1 Rosmarinzweig (nach Belieben)	**frisch gemahlener schwarzer Pfeffer**

Die Grünkohlblätter vom Strunk schneiden und die dicken Mittelrippen entfernen. Den Grünkohl waschen und in Streifen schneiden oder in mundgerechte Stücke zupfen. Wasser in einem großen Topf zum Kochen bringen und 1 EL grobes Meersalz hinzufügen. In zwei Durchgängen arbeiten, falls Ihr Topf zu klein ist. Den Grünkohl 2 Minuten blanchieren, abgießen, abkühlen lassen und das überschüssige Wasser mit den Händen herausdrücken.

Den Speck in Würfel schneiden und in einer großen Bratpfanne bei geringer Hitze 15 Minuten mit Deckel braten. Den Deckel abnehmen und etwa 5 Minuten braten, bis das Fett komplett ausgelassen und der Speck knusprig ist. Den Speck mit einem Schaumlöffel aus der Pfanne heben und auf einen mit Küchenpapier ausgelegten Teller geben. Beiseitestellen. Das ausgetretene Fett in der Pfanne belassen. Falls Sie den Speck weglassen möchten, verwenden Sie im nächsten Schritt 1 zusätzlichen EL Olivenöl.

Die Zwiebel schälen und in Ringe schneiden, den Knoblauch schälen und fein hacken. 3 EL Olivenöl in die Pfanne mit dem Fett geben und auf mittlerer Stufe erhitzen. Den Rosmarin und die Chilischote hinzugeben und die Pfanne von Zeit zu Zeit rütteln, insgesamt 1 Minute braten. Die Hitze reduzieren und die Zwiebelringe hinzufügen. Mit ½ TL Meersalz abschmecken. 2 Minuten braten, dann den Knoblauch dazugeben. 5–7 Minuten weiterbraten, hin und wieder rühren, bis die Zwiebeln weich sind und beginnen braun zu werden. Darauf achten, dass der Knoblauch nicht verbrennt. Den Rosmarin entsorgen, und wenn es nicht zu scharf werden soll, auch die Chilischote entfernen.

Den Grünkohl und 2 EL Öl in die Pfanne geben und alles durchmischen. Mit ¼ TL Meersalz abschmecken. Die Hitze auf mittel bis niedrig reduzieren und ca. 30 Minuten garen. Alle 5-10 Minuten umrühren, bis der Grünkohl fast schwarz und an den Kanten leicht knusprig ist.

Wenn der Grünkohl fertig ist, den zurückbehaltenen Speck wieder hinzufügen. Gegebenenfalls mit Pfeffer und Salz abschmecken. Den Kohl warm halten, während die Eier pochiert werden.

Wasser in einer kleinen flachen Kasserolle zum Sieden bringen und ein paar TL Essig und Salz einrühren. Jedes Ei behutsam in eine Espressotasse oder kleine Auflaufform schlagen. Die Wassertemperatur herunterschalten, sodass keine Blasen oder Bewegungen mehr zu sehen sind. Mit einem Holzlöffel einen Strudel im Wasser erzeugen, dann sehr vorsichtig ein Ei in die Mitte des Strudels gießen, dabei mit dem Holzlöffel nah am Ei weiter kreisen, und das Ei ca. 3 Minuten pochieren. Das zweite Ei ebenso zubereiten. Darauf achten, die Temperatur des Wassers kurz unter dem Siedepunkt zu halten.

Die Grünkohlmischung auf zwei Schalen verteilen. Mit einem Schaumlöffel ein Ei aus dem Wasser heben und schütteln. Es sollte wackeln, wenn Sie dem Eigelbbereich einen kleinen Stups geben. Wenn die Eier fertig sind, diese auf einem Schaumlöffel abtropfen lassen und auf den Grünkohl legen.

Mit Salz und frisch gemahlenem schwarzem Pfeffer abschmecken und den Grünkohl mit geriebenem Parmesan bestreuen.

Miss Violets Tipp:

Der kalorienarme Grünkohl (100 g/49 kcal) gilt als Superfood, denn seine Nährstoffzusammensetzung übertrifft viele andere Lebensmittel an Vitaminen, Kalzium, Magnesium, Eisen, Omega-3-Fettsäuren und Ballaststoffen.

THE KILLS

WAS ESSEN EIGENTLICH HIPSTER

Warum East London die Heimat derjenigen ist, die alles richtig machen wollen

Hipster stehen, so sagt es der Urban Dictionary, für „unabhängiges Denken, Gegenkultur, progressive Politik, die Wertschätzung von Kunst und Indie-Rock, Kreativität, Intelligenz und witziges Geplänkel". Kurz gesagt: Hipster wollen alles richtig machen, von der richtigen Brille bis zur richtigen Botschaft.

London ist die Heimat des Hipsters, denn wie keine andere Stadt hat London die Fähigkeit, zu erschaffen und zu ernennen, was gerade hip ist. Was also kommt auf den Teller der Hipster, jener szenebewussten Neo-Bohemians, die sich allem Mainstream verweigern und ihre Individualität durch extravagante Outfits ausdrücken wollen, dabei aber – wie ärgerlich – nur ein gleichgestelltes Teilchen einer oberflächlichen Subkultur darstellen? Um die kulinarischen Vorlieben des coolen Hipsters zu verstehen, muss man nach East London, hier ist

der Hipster nämlich zu Hause. Nirgendwo auf der Welt ist die Hipsterdichte so hoch wie in Shoreditch, Hackney und Dalston. Hier wohnen Londons Kreative: die Grafikdesigner und Künstler, Musiker, Modedesigner und Fotografen. Obwohl sich der Hipster per definitionem durch Toleranz auszeichnet, ist er mit sich und seinen Lifestyle-Entscheidungen sehr streng. Vom Haarschnitt – beim männlichen Hipster messerscharf und genau, an den Seiten fast ausrasiert und auf dem Schädel eine gekämmte Tolle – bis zu den Schuhen – navyblaue

Wildlederloafer von Mr Hare oder Lederboots von Alexander McQueen – nichts wird ohne Bedacht gewählt. Frauen kleiden sich androgyn und niemals sexy, sie schneiden sich Löcher in Strumpfhosen und T-Shirts, tragen tadelloses Make-up und die Haare messy.

ABER WAS ESSEN SIE NUN, DIE HIPSTER?

Wenn jemand den Hipster und seine Gewohnheiten kennt, dann ist es East Londons Gastrokönig David Waddington. Er füttert die Hipster! Ihm und seinem Geschäftspartner Pablo Flack gehören die drei angesagtesten Restaurants im ohnehin schon angesagten Osten der Stadt. Vor etwa zehn Jahren eröffnete das Duo das minimalistisch-loftartig eingerichtete Restaurant „Bistrotheque" im damals noch wenig gentrifizierten Hackney. Die einzige Oase in einer ansonsten kulinarisch kargen Wüstenlandschaft, in der es schon schwierig werden konnte, simple Bedürfnisse nach einem Kaffee und einem Sandwich zu befriedigen. „Shrimpy's" und „Hoi Polloi" lauten die lustigen Namen des zweiten und dritten Lokals der East End Boys. David und Pablo servieren vor allem britisch inspirierte Gerichte, mal nach Frankreich, mal nach Mexiko und mal in Richtung amerikanische Küche schielend, aber immer aus regionalen Zutaten. Geschmorte Schweinebäckchen, Kartoffelpüree, kandierte Rote Bete, Kabeljau & Chips, Erbsenpüree, Sauce Tartare, Krabbensalat, Radieschen und Toast. David Waddington findet, man könne als Brite durchaus stolz auf die hiesige Küche sein, denn manche Gerichte könnten die Briten besonders gut zubereiten. Pies zum Beispiel, die hat sein Großvater immer für ihn gemacht, als er noch ein Kind war. Comfort Food, das niemals aus der Mode kommt und selbst dem hippsten Hipster an einem der vielen verregneten, kalten Tage in London zumindest kulinarischen Trost spendet.

DARAN ERKENNEN SIE EINEN HIPSTER – WENN MEHR ALS FÜNF PUNKTE ZUTREFFEN, HABEN SIE EINEN MEGA-HIPSTER VOR SICH!

1. Männer tragen gern einen Vollbart oder wenigstens einen Schnurrbart für den „Movember" (www.movember.com).
2. Ihre Jeans sind vom Bund bis zum Knöchel knalleng, manche sind mit Leomuster bedruckt.
3. Sie verehren Ikonen der 1980er-Jahre und tragen ihre Haare im New Wave Look.
4. Sie tragen eine Brille, ohne eine zu brauchen.
5. Manchmal findet man sie auf dem Bürgersteig sitzend, dabei hören sie über Kopfhörer Musik.
6. Die Mädchen tragen Punk-Frisuren, bauchfreie Tops und XL-Pullover.
7. Hipster mögen Musik von The Kills und heimlich auch von Jay-Z.
8. Sie kaufen lieber auf Märkten als in Supermärkten.
9. Sie lieben Kunst, könnten sich aber nie welche leisten.
10. Hipster tanzen nie zu exzessiv.

Bistrotheque
23-27 Wadeson Street,
London E2 9DR, www.bistrotheque.com

Shrimpy`s
The Kings Cross Filling Station Good Ways
London N1C 4UR,www.shrimpys.co.uk

Hoi Polloi
100 Shoreditch High St
London E1 6JQ, www.hoi-polloi.co.uk

CHICKEN PIE

Für 4-6 Personen

1 kleines Huhn, etwa 1,4 kg (Freilandhaltung)

1 große Karotte, gewaschen und geviertelt, aber nicht geschält

1 Zwiebel, geviertelt, aber nicht geschält

2 Selleriestangen, geviertelt

1 Lorbeerblatt

einige schwarze Pfefferkörner

1 Bund Estragon, Blätter grob gehackt

1 Schuss Madeira oder süßer Sherry

40 g Butter

100 g fetter Speck, fein gewürfelt

2 Lauchstangen, grob gehackt

200 g Sahne

abgeriebene Schale von

1 unbehandelten Zitrone

500 g TK-Blätterteig, aufgetaut

1 Ei, verquirlt

Salz und frisch gemahlener schwarzer Pfeffer

Das Huhn mit Karotte, Zwiebel, Sellerie, Lorbeerblatt, Pfefferkörnern und einem Drittel des Estragons in einen großen Topf geben. Mit kaltem Wasser knapp bedecken und zum Kochen bringen. Zwischendurch den Schaum von der Oberfläche abschöpfen. Hitze reduzieren und etwa 45 Minuten köcheln lassen, bis das Huhn gar ist.

Das Huhn aus dem Topf nehmen und beiseitestellen. Die Hitze hochschalten und die Brühe auf etwa 500 ml reduzieren – dies kann etwa 20 Minuten dauern. Madeira oder Sherry hinzufügen und mit Salz und Pfeffer abschmecken. Sobald das Huhn soweit abgekühlt ist, dass man es anfassen kann, das Fleisch in Stücken von der Karkasse zupfen.

Den Backofen auf 180 °C vorheizen.

Die Butter in einer großen Pfanne bei mittlerer Hitze zerlassen, die Speckwürfel hinzufügen und braten, bis sie goldbraun sind, dann mit einem Schaumlöffel aus der Pfanne heben und beiseitestellen. Den Lauch in die Pfanne geben und etwa 7 Minuten braten, bis er seidig ist. Die Hitze hochstellen und den Lauch mit der Brühe aufgießen. 1 Minute kochen, dann Sahne, Zitronenschale und den restlichen Estragon sowie den Speck zugeben. Nach Geschmack würzen. Nun das Hühnerfleisch unterrühren.

Das Huhn mit der Sauce in eine große Pie-Form füllen und abkühlen lassen. Den Blätterteig auf einer leicht bemehlten Arbeitsfläche etwa 5 mm dick ausrollen. Den Rand der Pie-Form mit Ei bestreichen, dann den Teig auf die Form legen und an den Rändern fest andrücken, um den Inhalt zu versiegeln. Der Blätterteig muss die Form komplett bedecken. Die Kanten unter dem Rand festklemmen, ein kleines Loch in die Mitte schneiden, damit Dampf entweichen kann, und die Teigoberfläche mit Ei bepinseln.

30-40 Minuten bei 180 °C backen, bis der Teig hochgegangen und golden ist. Vor dem Servieren etwas abkühlen lassen.

To do's

- Koffer auspacken

- Durch London spazieren

- Kaffee bei Pret A Manger

- Shopping!!

- Fish&Chips essen

DIE MEAT-MEISTER

Das Restaurant Hawksmoor ist der kulinarische Überflieger Londons

Richard Turner sieht so aus, als sei er gerade einem britischen Ganovenfilm von Guy Ritchie entsprungen: Man könnte ihn sehr gut in einen Nadelstreifenanzug stecken und als Bösewicht casten, der tagsüber im Boxring trainiert, nachmittags Geldtransporter überfällt und abends unbescholtenen Bürgern die Kehle durchschneidet. Fürchten muss man sich vor ihm aber nicht, es sei denn, man ist ein Rind im besten Schlachtalter.

Für Nicht-Rinder wie mich ist es ein Vergnügen mit dem Koch zu plaudern, auch wenn dank oder aufgrund seines Londoner Akzents durchmischt mit männlichem Genuschel etwa ein Drittel seiner Worte undechiffriert im Nichts verschwindet. Turner ist Chefkoch vom „Hawksmoor" und zählt zu den erfolgreichsten Köchen der Stadt. Was er mir heute mit auf den Weg gibt: Die günstigen Stücke vom Tier, die sogenannten cheap cuts, sind für ihn oft die besten Stücke. Seine Mutter hat nach diesem Prinzip gekocht und Turner tut das auch.

Wenn sich die Menschheit immer so einig wäre wie bei der Frage, wo es das beste Steak Londons gibt, wäre die Welt ein besserer Ort. Das „Hawksmoor" ist so gut, dass endlich einmal niemand etwas zu meckern hat, weder professionelle Food-Kritiker noch übereifrige Restaurantbesucher mit Yelp-, Tripadvisor- oder Toptable-Zugang. Mittlerweile wurden vier Filialen in der Stadt eröffnet – denn niemand soll ohne Hawksmoor-Steak weiterleben müssen! Wie viele Porterhouse-Steaks, Chateaubriands und Rib Eyes jede Woche zubereitet und verspeist werden, kann Richard Turner schon lange nicht mehr behalten. In Tieren gerechnet seien es wohl mehrere Hundert. Das Fleisch bezieht man von einer Farm in den Moorlandschaften von North Yorkshire im Norden Englands. Mit Gras gefüttert, glücklich und mindestens zwei Jahre alt sollen die Rinder sein, die der Koch und seine Mannschaft auf den Grill oder in den Schmortopf legen. Das Erfolgsgeheimnis der Hawksmoor-Crew klingt einfach: Alles, was hier auf den Teller kommt, soll perfekt sein, egal ob Schweinekotelett, Garnelen-Cocktail, Hummer mit Knoblauchbutter, die dick geschnittenen Pommes frites oder der mehrschichtige Schokoladen-Sunday. Das Leben besteht schließlich nicht aus Steak allein. ♥

FÜNFMAL HAWKSMOOR IN LONDON:

Air Street, Guildhall, Seven Dials, Spitalfields, Knightsbridge – welches werden Sie besuchen? Adressen und Reservierung unter: www.thehawksmoor.com

Die Geheimzutat der italienisch inspirierten Rinderhaxe mit Makkaroni (siehe nächste Seite), das Knochenmark vom Kalb (bone marrow), hat sich in den letzten Jahren zum Star in Londons Restaurantwelt entwickelt und steht auf vielen Speisekarten.

RINDERHAXE MIT MAKKARONI

von Richard Turner

Für 4-6 Personen

1 kg Rinderhaxe in einem Stück	**1 l Hühnerbrühe**
5 kleine helle Zwiebeln, geschält	**150 g geräucherter Speck,** in 2 cm
5 kleine Karotten, gewaschen	dicke Würfel geschnitten
10 Champignons	**250 g Makkaroni**
ein kleines Kräutersäckchen mit 2 Zweigen	**150 g Knochenmark vom Kalb,** gewürfelt
Thymian, 1 Zweig Rosmarin, 1 Lorbeerblatt,	**150 g Doddington Käse** (alternativ 100 g Parmesan)
10 schwarzen Pfefferkörnern, 20 Fenchelsa-	**Meersalz und frisch gemahlener schwarzer**
men und 2 ganzen Sternanis	**Pfeffer**
750 ml Rotwein	**2 EL Butterschmalz**
1 l Rinderbrühe	

Rinderhaxe, Zwiebeln, Karotten, Champignons und das Kräutersäckchen in einen großen ofenfesten Bräter legen. Alles mit dem Rotwein übergießen, den Deckel auf den Bräter legen und das Ganze über Nacht im Kühlschrank marinieren.

Am nächsten Tag alle Feststoffe aus dem Topf nehmen und beiseitelegen. Den Rotwein auf dem Herd erhitzen und auf die Hälfte reduzieren. Rinder- und Hühnerbrühe zugießen und alles zum Sieden bringen. Den Backofen auf 150 °C vorheizen.

In einer Pfanne das Butterschmalz erhitzen und die Rinderhaxe darin von allen Seiten braun anbraten. Die Haxe kommt danach in den Topf mit der Rotweinmischung. Gemüse und Speck ebenfalls anbraten, bis das Gemüse leicht gebräunt ist, dann alles zur Haxe in Rotwein geben. Alle diese Zutaten - inklusive des Kräutersäckchens - im Ofen 3 Stunden schmoren, bis das Fleisch zart ist und fast vom Knochen fällt.

Das Kräutersäckchen entfernen und entsorgen. Fleisch und Gemüse aus der Flüssigkeit heben und beiseitestellen, die Flüssigkeit auf dem Herd auf die Hälfte einkochen. An der Oberfläche schwimmende Partikel mehrmals abschöpfen.

Einen Topf mit Salzwasser zum Kochen bringen und die Makkaroni darin etwas kürzer garen als üblich. Abtropfen lassen und beiseitestellen.

Die Haxe, das ganze Gemüse, den Speck, das Knochenmark und die Hälfte des Käses zur Rotweinsauce in den Bräter geben. Die noch heißen Makkaroni unterrühren und alles mit Salz und Pfeffer abschmecken. Den restlichen Käse über die Oberfläche streuen und den Backofen auf 180 °C schalten. Der Bräter kommt für weitere 10-15 Minuten in den Ofen. Zuletzt den Backofengrill zuschalten und alles grillen, bis die Oberfläche gebräunt ist. Vor dem Servieren einige Minuten ruhen lassen.

RIGHT HERE

VANILLI'S

LILY VANILLI

DIE SCHÖNSTEN TORTEN DER WELT

Ein kurzer Besuch bei Londons Torten-Designerin N°1 Lily Vanilli

Wie eine Nation wirklich tickt, erkennt man an ihren Filmen, Büchern, ihrer Musik - klar -, aber auch an den Torten und Kuchen. Die Franzosen gebärden sich auch im Bereich der Patisserie wie Könige, in Deutschland hängen wir, so scheint es allzu oft beim Betrachten vieler Konditoreivitrinen, noch in den 1980er-Jahren und an einer „Draußen-nur-Kännchen"-Mentalität fest, in asiatischen Ländern sind Torten überdekoriert und vor allem mit der alleinigen Geschmacksrichtung „zuckersüß" geschlagen. Die Briten hingegen beweisen den besten Geschmack, wenn es um das Torten-Design geht!

Besuchen Sie zum Beispiel „Ottolenghi" (21–22 Warwick Street) und Sie werden ganz sicher wie ich sofort die Kamera zücken, um die kleinen Törtchen mit Kirschkrönung, die rosafarbenen XL-Baisers und die kunstvoll geschwungenen Lemon Tarts zu fotografieren. Oder schauen wir rüber zu „Bea's of Bloomsbury" (44 Theobalds Road) zu den wahrscheinlich schönsten Cupcake-Modellen in der ganzen Stadt. Das Geheimnis britischer Torten-Designs könnte man so beschreiben: Minimalismus trifft auf Marie Antoinette. Die süßen Kunstwerke sind exakt richtig dekoriert: süß, aber nicht kitschig; elegant, aber nicht zu schlicht.

Die allerschönsten Torten Londons macht Lily Jones, bekannt als Lily Vanilli. Ihre Hochzeitstorten sind so hübsch, dass man sofort heiraten möchte, selbst wenn dafür weit und breit kein geeigneter Mann zu sehen ist und sogar wenn man eigentlich gar nichts vom Heiraten hält. Pfingstrosen und Himbeeren dienen als Schmuck, Erdbeeren schweben auf einer Wolke aus Kokosflocken, Zuckerguss kommt im Leopardenmuster daher – es sind allgemein eher Kunstwerke als Kuchen, die die ehemalige Grafikdesignerin backt und gestaltet. Das kleine Café „Lily Vanilli Bakery" in Shoreditch (Ezra Street) habe ich zufällig entdeckt, als ich an einem schönen Sonntag über den berühmten Flower Market in der Columbia Road spazierte und mich auf der Suche nach einem Kaffee in einen kleinen Hof verirrte. Ich quetschte mich zu wildfremden Menschen an den einzigen langen Holztisch auf die Bank und bestellte Kaffee und Kuchen. Manche behaupten, der „Red Velvet Cake" von Lily sei der beste überhaupt. Da das an diesem Tag mein ers-

ter und einziger Red Velvet Cake war, habe ich bedauerlicherweise keine Vergleichsmöglichkeiten (ich komme aus dem Erdbeerkuchen-und-Schwarzwälderkirschtorten-Land, es sei mir daher verziehen), kann aber bestätigen, dass die Torte nicht nur perfekt aussah, sondern auch köstlich schmeckte. Ich fragte die ausgesprochen schlanke und überhaupt nicht nach Tortenbäckerin aussehende Lily nach dem Rezept, welches sie mir tatsächlich wenige Tage später zuschickte.

Die „Lily Vanilli Bakery" ist nur sonntags (8.30 bis 16 Uhr) geöffnet und ein must try, auch wenn Sie nicht demnächst in London heiraten wollen. Im wahrscheinlich charmantesten kleinen Café Londons kann man übrigens auch Lilys Buch „Sweet Tooth" kaufen und die Londoner Backwaren zu Hause zubereiten.

Lily Vanilli Bakery
6 The Courtyard
Ezra St.
London E2 7RH
www.lilyvanilli.com

SEITE 80

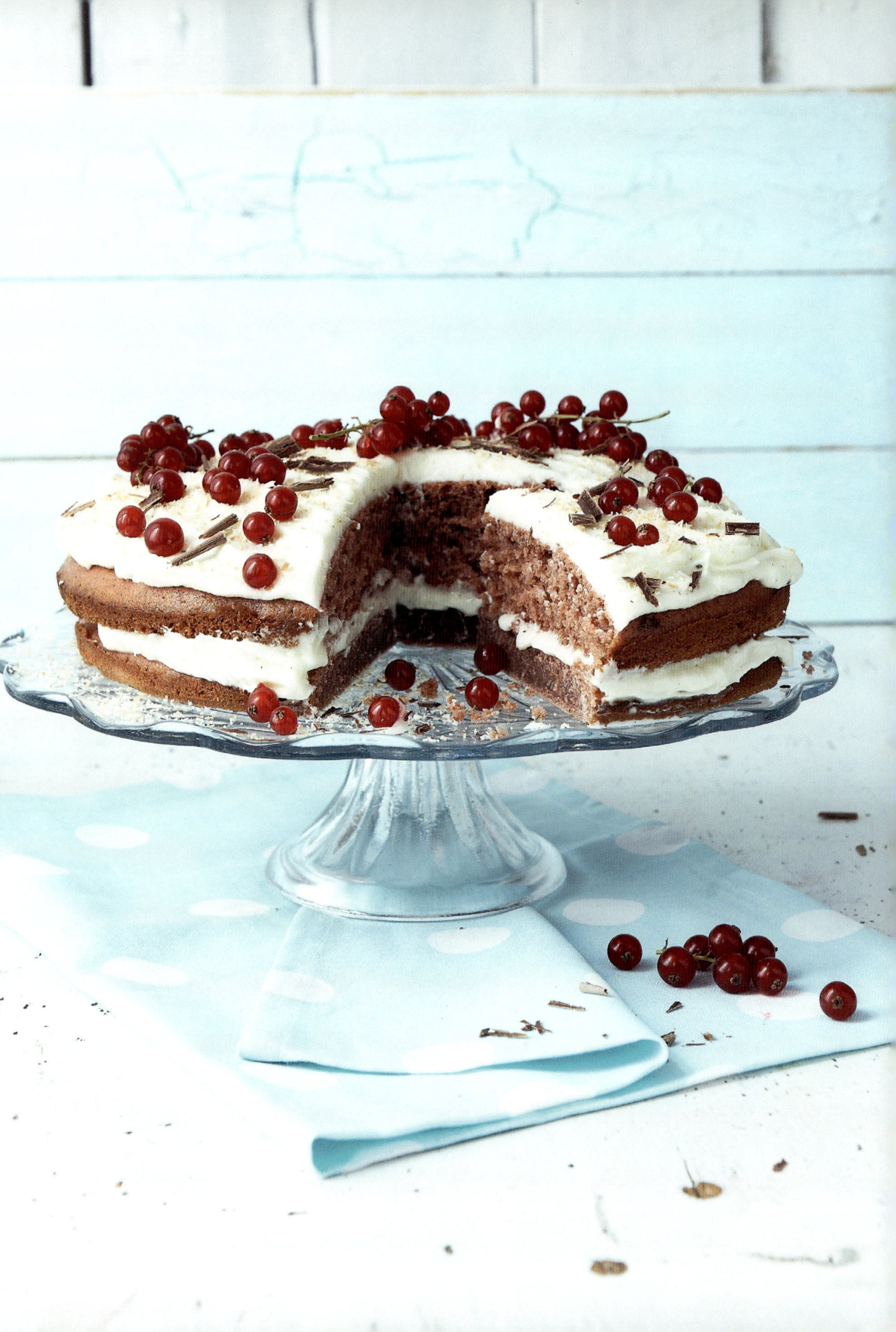

LILY VANILLIs
Red Velvet Cake

Ergibt 8 – 12 Stücke

TEIG

150 g Butter, Zimmertemperatur

360 g feiner Zucker

2 Eier

40 g Kakaopulver

3 EL rote Lebensmittelfarbe

420 g Mehl

320 ml Buttermilch

1½ TL Natron

1½ TL Apfelessig

FRISCHKÄSE-FROSTING

je 40 g Butter und Pflanzenfett (Palmin), zerlassen und wieder etwas abgekühlt

100 g Frischkäse (Zimmertemperatur)

250–300 g Puderzucker, gesiebt

1 TL Vanilleextrakt oder 1 Tütchen Vanillezucker

Kokosraspel und frische Johannisbeeren zum Dekorieren

2 Springformen (20 cm Ø)

Für das Frosting alle Zutaten mit dem Mixer sehr cremig rühren, weitere Aromen nach Belieben zugeben. Dieses Verhältnis von Frischkäse zu Puderzucker ergibt ein eher festes Frosting. Möchten Sie ein weicheres, nehmen Sie etwas mehr Frischkäse. Das Frosting bis zur Verwendung kühl stellen. Den Backofen auf 170 °C Umluft vorheizen.

Für den Teig Butter und Zucker in einer Schüssel mit einem Handmixer 4 Minuten aufschlagen, bis die Mischung hell und schaumig ist. Auf mittlerer Stufe beginnen, dann auf höchste Geschwindigkeit stellen. Die Eier nacheinander dazugeben und verrühren. Das Kakaopulver sieben und mit der Lebensmittelfarbe in die Schüssel geben. Schlagen, bis sich alles verbunden hat. Das Mehl sieben und die Hälfte zum Teig geben, gleichmäßig einarbeiten und darauf achten, den Teig an den Rändern immer wieder nach unten zu schaben. Dann die Buttermilch einrühren und schließlich die zweite Hälfte des Mehls.

In einer kleinen Schale oder Tasse mit einem sauberen Spatel oder Löffel Natron und Apfelessig vermischen (es wird sprudeln) und sofort unter den Teig heben – dafür nicht den Handmixer verwenden, sondern gleichmäßig mit einem Spatel unterheben.

Die Teigmischung auf die beiden gefetteten und mit Backpapier ausgelegten Springformen verteilen und die Oberfläche glatt streichen. 25-30 Minuten backen, dann die Stäbchenprobe machen.

Aus dem Ofen nehmen und in den Formen 10 Minuten abkühlen lassen, dann auf Kuchengitter stürzen und vollständig abkühlen lassen. Das Frischkäse-Frosting zur Hälfte auf einer Teigplatte verstreichen, die zweite Teigplatte auflegen und mit dem verbliebenen Frosting bestreichen. Mit gerösteten Kokosraspel und Johannisbeeren dekorieren.

FASHION UND FOOD
Eine Party im Kaufhaus mit dem schönsten Mann der Stadt

Im Kaufhaus Selfridges finden oft Veranstaltungen und Partys statt, auf die man zwar eingeladen werden muss, auf die man sich aber, wenn man keine Einladung bekommen und nur zufällig zur richtigen Zeit vorbeigeschaut hat, trotzdem irgendwie einschleichen kann – so zumindest ist es mir ergangen.

Was genau bei meinem Besuch im Selfridges gefeiert wurde, weiß ich gar nicht mehr genau, es hatte wohl etwas mit der gerade in London stattfindenden Fashion Week zu tun. Eigentlich wollte ich mir an jenem frühen Abend in der Beautyabteilung ein neues Make-up kaufen, gelangte aber in eine lange Schlange, die zu zwei Fahrstühlen und schließlich zu einer Party im Dachgeschoss führte. Die Wartenden in der Schlange waren für einen Shoppingtrip im Kaufhaus so over-styled, dass sie meine Neugier weckten. Einige Männer trugen dreiteilige Anzüge (also mit Weste) und polierte Lackschuhe. Einige der Frauen trugen Hüte. Und mittendrin stand das Model David James Gandy! Seinen Namen mögen viele eventuell nicht kennen, dafür aber den Rest von ihm. Ich erkannte ihn sofort als jenen jungen Herrn, der auf Plakaten und in TV-Spots in Miniatur-Badhose auf einem Boot für die italienische Nobelmarke Dolce & Gabbana posiert. Heute trug er (leider) nicht diese Mini-Hose, sondern einen grauen Anzug und zweifarbige Schuhe im Gangster-Stil.

Möglichst lässig wirkend gesellte ich mich also zu den etwa 200 Wartenden und versuchte, standesgemäß auszusehen. Wenn Sie jemals von einem Türsteher gefragt werden, wie Ihr Name lautet, und Sie genau wissen, dass er Ihren Namen niemals auf der Liste finden wird, gibt es folgenden, nicht ganz einfachen Trick: Werfen sie einen schnellen Blick auf seine Liste, aber passen Sie auf, das Ganze muss in einer Nanosekunde geschehen, für den kritischen Beobachter kaum wahrnehmbar. Speichern Sie dann mit Laserblick und Superhirn einen der Namen auf der Liste ab. Nennen Sie mit ruhiger Stimme diesen Namen und lassen Sie sich Eintritt gewähren. (Nehmen Sie einen Namen des gleichen Geschlechts, das vereinfacht die Sache!)

Im Dachgeschoss wurde man am Fahrstuhl von Kellnern in weißen Uniformen und Tabletts voller Champagnergläser empfangen, auf einer Bühne sang eine Engländerin mit riesigen Creolen in den Ohren und hoch gebundenem Zopf. Ich fragte mich, ob es wohl Jessie J sei oder nicht. Kanapees wurden herumgereicht und obwohl die goldene Regel auf einer Fashion-Party „Nicht essen!" lautet, denn Food und Fashion passen einfach nicht zusammen, denn jede verdrückte Kalorie führt möglicherweise in Richtung nächsthöherer Kleidergröße und ist somit möglichst zu vermeiden, schob man sich trotzdem heimlich die kleinen Häppchen rein: ein runder Pumpernickel, 2 cm Durchmesser, darauf zwei Tropfen Sour Cream, ein fingernagelgroßes Stück Lachs, gekrönt von Dillspitzen. Oder ein winziger Burger, so groß wie ein 2-Euro-Stück. Ein Reagenzglas mit einer cremigen Suppe. Mini-Beef-Wellington, mit einem Happs zu verspeisen, sodass keine Blätterteigkrümel auf dem Oberteil landen. Ein einzelner panierter Shrimp. Alles mindestens so appetitlich und schön anzusehen wie der blauäugige, dunkelhaarige David Gandy in seinem Al-Capone-Outfit. Mehr kann man von keinem Kaufhaus erwarten.

Die besten Geschäfte:

FÜR MODE:

Harvey Nichols – das Kaufhaus mit der besten Mode. Hier hat man ein ganzes Stockwerk mit jüngeren Labels zu moderaten Preisen eingerichtet.

FÜR SCHUHE:

Selfridges – die besten Schuhe, die beste Herrenmode, die beste Food Hall. Hier bekommen Sie jeden Schuh in jeder Preislage, von Top Shop bis Saint Laurent. Außerdem kann man sich in dem Restaurant von Mark Hix stärken (bester Garnelencocktail Londons), in der Food Hall bekommen Sie Lebensmittel aus aller Welt.

ZUR INSPIRATION:

Matches – gibt es vier Mal in der Stadt, führt alle angesagten Labels wie Isabel Marant und Tabitha Simmons.

FÜR KLEINES BUDGET:

French Connection – zum Beispiel in der Oxford Street. Perfekt, wenn Sie ein Party- oder Sommerkleid suchen.

WINDOW SHOPPING:

Die New Bond Street mit anliegenden Straßen ist voller Geschäfte, in die man mal reinschauen sollte, zum Beispiel ein großer Louis-Vuitton-Laden mit mehreren Stockwerken, Tiffany's und Chanel.

FÜR GESCHENKE:

Liberty, **Fortnum & Mason** und **Harrod's** sind Luxuskaufhäuser, in denen Sie wahrscheinlich nicht ihre komplette Garderobe, aber sicherlich Geschenke für den nächsten Geburtstag Ihrer besten Freundin kaufen können.

★ ★ ★

MINI

Beef Wellington

Ergibt 10 Stück

200 g Blätterteig	
200 g Rinderfilet	
2 Schalotten	
3 TL Butter	
150 g Champignons, klein gehackt	
25 g Semmelbrösel	
3 TL fein gehackte frische Petersilie	
1 TL fein gehackter frischer Thymian	
Saft von 1 Zitrone	
Salz und frisch gemahlener schwarzer Pfeffer	
1 Bio-Ei, verquirlt	

Den Blätterteig zu zwei großen Rechtecken etwa 5 mm dick ausrollen. Im Kühlschrank etwa 30 Minuten ruhen lassen.

Das Fleisch in zehn Würfel schneiden und bei starker Hitze in einer Pfanne kurz von allen Seiten anbraten – das Fleisch sollte von außen braun, aber auf keinen Fall durchgebraten sein. Im Kühlschrank zügig abkühlen lassen.

Die Schalotten fein hacken und mit der Butter in einer Pfanne erhitzen. Die Champignons dazugeben und ca. 5 Minuten lang braten. Semmelbrösel, Petersilie, Thymian und Zitronensaft dazugeben, mit Salz und Pfeffer würzen. Vom Herd nehmen und abkühlen lassen.

Den Ofen auf 180 °C vorheizen.

Den Blätterteig mit Ei bestreichen und jedes Rechteck in fünf Stücke teilen. Die Pilzmischung auf die zehn Rechtecke verteilen und je ein Stück Rindfleisch darauflegen. Den Blätterteig um das Fleisch rollen und die Enden einschlagen, um die Päckchen zu verschließen.

Die Päckchen mit der „Naht" nach unten auf ein mit Backpapier ausgelegtes Backblech legen und mit Ei bestreichen. Falls Blätterteigreste beim Zuschneiden entstanden sind, in Kreise schneiden und jedes Päckchen mit einem Kreis dekorieren. Im vorgeheizten Ofen etwa 10 Minuten backen.

NICHTESSER-RESTAURANTS

Darum liebt Victoria Beckham das „Nobu"

Das japanische Nobelrestaurant „Nobu" hat in London zwei Dependancen: Das Restaurant in der Old Park Lane ist das erste Nobu in Europa und somit ein Original. Die Einrichtung ist minimalistisch, die Klimaanlage ein wenig zu kalt eingestellt und wenn Sie gerne einmal auf jenen Treppen stehen möchten, die Boris Becker durch dortige Zeugung einer Tochter berühmt gemacht hat, müssen Sie in dieses Restaurant gehen. (Der Express-Sex mit Angela Ermakowa fand nämlich nicht wie lange angenommen in einer Besenkammer statt, sondern auf den Treppenstufen in Richtung Toiletten, wie Becker selber einmal klarstellte.)

Das „Nobu" in der Berkeley Street, die andere Dependance, ist hingegen das eigentliche Lieblingslokal der Londoner High Society. Dementsprechend elegant geht es hier zu, in der Luft liegt eine gewisse Großspurigkeit. Oft wird die Atmosphäre als arrogant beschrieben, aber eigentlich ist sie das nicht. Vielmehr wird man von dem einen oder anderen Augenpaar von Kopf bis Fuß gescannt und dann in Ruhe gelassen – das altbekannte Prinzip von „sehen und gesehen werden" wirkt hier eben sehr stark. Auch von dem hochfreundlichen Service sollte man sich nicht einschüchtern lassen, höchstens von den 14-Zentimeter-Absätzen junger Russinnen mit Barbie-Figur, die sich mit knallengen Hervé-Léger-Kleidern und künstlich aufgespritzten Lippen gepimpt haben. Das „Nobu" bietet immer eine große Show: Man sieht die schönsten Frauen mit den greisesten Männern, die reichsten Banker-Buben, Vertreter Russlands und einiger arabischer Nationen und natürlich den einen oder anderen echten Prominenten – Victoria Beckham zum Beispiel. Es heißt, das „Nobu" sei das Lieblingsrestaurant des ehemaligen Spice Girls. Wenn jemand, der sich wie Victoria Beckham von einer Handvoll Beeren und zusätzlich nur 600 Kalorien am Tag ernährt, aber gern in ein Restaurant geht, dann kann man davon ausgehen, dass hier niemandem eine große Portion gehaltvoller Nahrung aufgezwungen wird. Das Essen im „Nobu" ist ohne Frage exzellent und die Küche fast ein Künstleratelier. Ob Sushi, Lobster-Tempura, Mini-Tacos mit Krabben und Avocado, Steak vom Wagyu-Rind oder der berühmte schwarze Kabeljau in Miso-Marinade, der „Signature Dish" der Restaurantkette – jedes Gericht im „Nobu" wurde von Meisterhand und aus den besten Zutaten zubereitet. Wäre es in diesem Ambiente nicht völlig unpassend, würde man zu gern ein wohliges „Aaah!" oder zumindest ein leises „Oooh!" von sich geben, wenn die meist rechteckigen Teller mit dem kunstvoll darauf drapierten Essen auf den Tisch kommen.

Nobu
19 Old Park Lane
London W1K 1LB

15 Berkeley Street
London W1J 8DY

www.noburestaurants.com

Je mehr Leute Sie sind, umso besser, denn so haben Sie die Möglichkeit, vieles zu probieren: Beginnen Sie Ihr Menü mit einer kleinen Auswahl an Sushi oder Sashimi, gehen Sie über zum Tempura Ihrer Wahl, vergessen Sie danach nicht das im Keramiktopf gekochte und servierte Toban Yaki vom Rind, gefolgt von Kushiyaki, das auf Spießen gegrillte Fleisch oder Gemüse. Erst dann dürfen Sie sich mit der Frage quälen, welches der zahlreichen vielversprechend klingenden Desserts Sie auf keinen Fall verpassen sollten. Die Portionen im „Nobu" sind nicht unanständig prätentiös-minimalistisch, aber viele der japanischen Gerichte eignen sich dennoch perfekt für jene von Berufs wegen mageren Damen, die hier gerne speisen, dabei aber nicht wirklich essen.

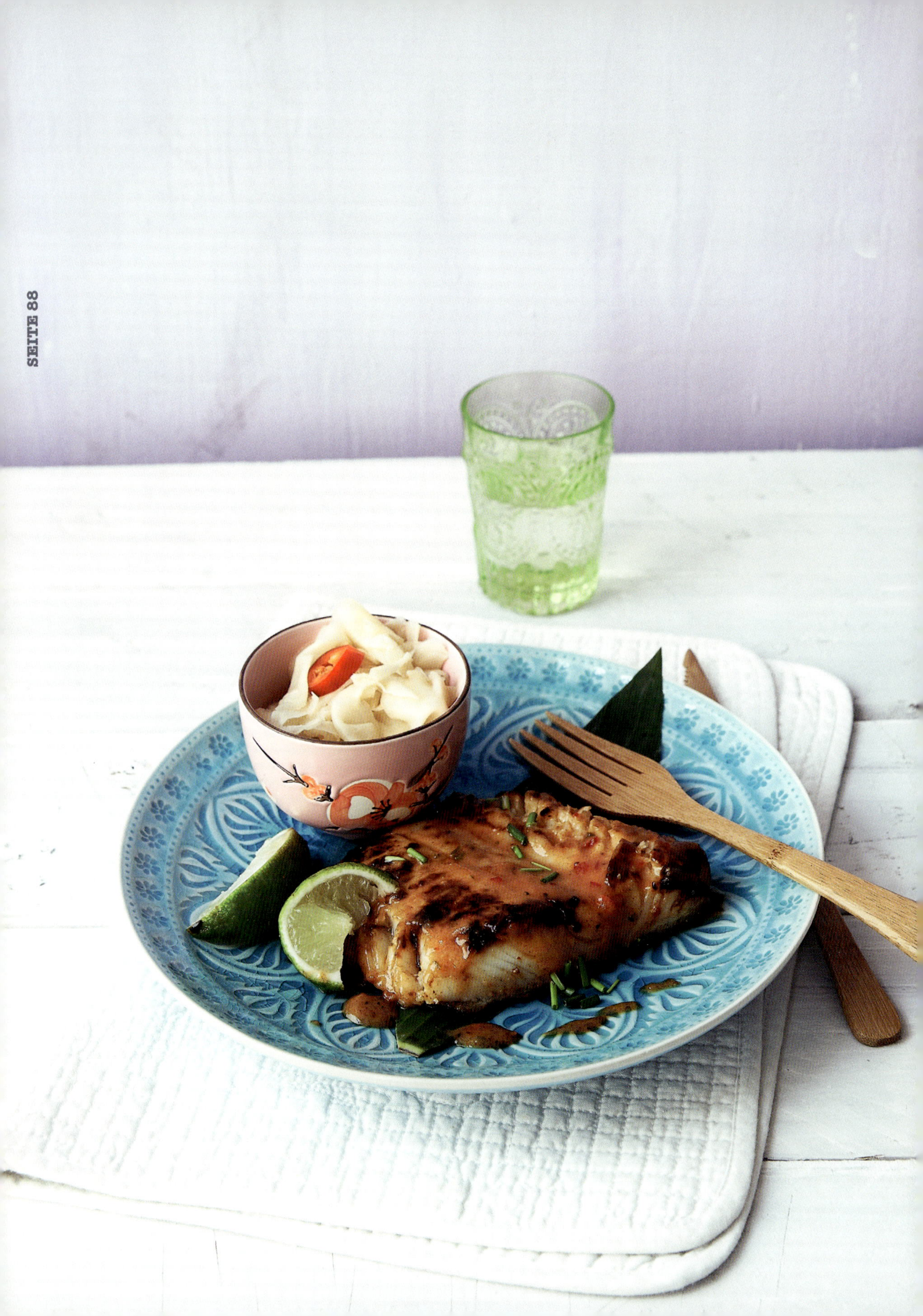
SEITE 88

Nobus Black Cod
mit Miso
Ergibt 4 Portionen

**Der Kabeljau sollte in der Miso-Marinade zwei Tage mariniert werden –
das Gericht benötigt also einen entsprechenden Vorlauf und erfordert absolut frischen Fisch.**

MISO-MARINADE

150 ml Sake

75 ml Mirin

350 g Misopaste

200 g Zucker

2 Chilischoten

3 EL Togarashi-Pfeffer

3 EL Chilipaste

FISCH

4 Filets vom schwarzen Kabeljau,
je ca. 160 g, mit Haut

2 EL Öl

Salz und weißer Pfeffer

AUSSERDEM

4 Bananenblätter, 20 cm breit

2 unbehandelte Limetten, geviertelt

4 EL eingelegter Ingwer, in dünne Scheiben
geschnitten

Für die Miso-Marinade Sake und Mirin in einem Topf aufkochen und etwa 15 Sekunden kochen lassen. Nach Möglichkeit noch mit einem Küchengasbrenner entflammen, damit möglichst viel Alkohol verdampft. Nacheinander die Misopaste und den Zucker einrühren, bis beides vollständig aufgelöst ist. Die Chilischoten putzen und klein hacken. Chili, Togarashi-Pfeffer und Chilipaste in die Miso-Sauce rühren. Im Kühlschrank über Nacht abkühlen und durchziehen lassen.

Den Kabeljau in so viel Marinade einlegen, dass der Fisch vollständig bedeckt ist. 150 ml Marinade beiseitestellen. Den Fisch zwei Tage abgedeckt im Kühlschrank marinieren.

Am Zubereitungstag den Fisch aus der Marinade nehmen und mit Küchenpapier abtupfen. Mit Salz und Pfeffer würzen. Den Backofen auf 220 °C vorheizen. Das Öl in einer Pfanne stark erhitzen und den Kabeljau darin von beiden Seiten scharf anbraten, der Fisch darf ein bisschen schwarz werden. Den Fisch anschließend auf ein Backblech legen und im Ofen (mittlere Schiene) 10-13 Minuten zu Ende garen.

Den Kabeljau auf Bananenblättern mit Limettenvierteln und 1 EL Ingwer servieren.

Dazu schmeckt Basmatireis.

ERST MAL INS PUB

*Das zweite Wohnzimmer der Engländer ist
der große gemeinsame Nenner der britischen Gesellschaft*

Meine Airbnb-Bekanntschaft Matthew wohnt in einem der sogenannten Council Estates von London, also einem dieser hässlichen Wohnblöcke aus roten Ziegelsteinen, die man auch in teuren Stadtteilen wie Notting Hill sieht und die früher Sozialwohnungen waren, seitdem aber häufig in Eigentumswohnungen umgewandelt wurden.

Als ich nach London kam, wohnte ich für einige Tage im Gästezimmer von Matthews Maisonettewohnung, um das „echte" London zu erleben, also ganz normale Londoner im Alltag zu beobachten: streitende Ehepaare, Hunde, die von ihrem männlichen, Jogginghose tragenden Besitzer Gassi geführt werden, herumlungernde Jugendliche, die heimlich in den Winkeln des Wohnblockes rauchen. Jeden Mittag stiegen aus den Küchen der anderen Wohnungen Kochgerüche auf und am häufigsten der Duft von Curry, scheinbar das Lieblings-Lunch der Bewohner dieses Hauses und ein Hinweis auf die hohe Zahl der indischen Nachbarn. Nachmittags kamen die Schulkinder in ihren Uniformen mit Blazern, Krawatten, Faltenröcken und gro-

ßen Rucksäcken auf dem Rücken nach Hause und begannen, in den Wohnungen über mir laut kreischend auf und ab zu rennen.

Schon bei der Ankunft am Flughafen bekam ich von Matthew die Order, ihn lieber im Pub zu treffen und nicht in seiner Wohnung. Also fuhr ich mit meinem Koffer zur Liverpool Street Station und nahm dann ein Black Cab zur Columbia Road 73, wo sich „The Royal Oak" befand. (Kleine Anmerkung: Selbst wenn Sie den größten Koffer der Welt mit sich schleppten, würden etwa 99 % der Black-Cab-Fahrer ihren Platz hinter dem Steuer NICHT verlassen, um Ihnen zu helfen! Nehmen Sie es nicht persönlich. In London sind die Fahrer wirklich nur für eine Sache da: zum Fahren.) Es war Samstagnachmittag als ich in der Columbia Road ankam, und obwohl die Sonne schien, war das Pub so voll, dass man sich an der Theke sehr gedulden musste, bis man ein Getränk bekam. In der Luft lag der Duft von Bier, dem Lebenselixier der Engländer. Die Mädchen waren bereits betrunken, was ich daran merkte, dass sie schrien, anstatt sich in einer normalen und erträglichen Lautstärke zu unterhalten. Das machen sie sehr gern, die englischen Mädchen: trinken, schreien, noch mehr trinken, noch mehr schreien.

Nach dem ersten Pub gingen wir in das zweite Pub, insgesamt kamen wir an jenem Samstag auf neun Stunden Pub-Tourismus!

Anders als die deutsche Kneipe fungiert das englische Pub wie ein zweites Zuhause. Es gehört zum normalen Leben jedes Londoners einfach dazu. Man verbringt hier nicht nur einen großen Teil des Wochenendes, sondern auch den Feierabend. Jeden Wochentag stehen ab etwa 17 Uhr die ersten Männer in Anzügen in großen Trauben vor Pubs, die „The Sherlock Holmes", „Fox & Anchor" oder „The Queen's Head" heißen. Am Sonntag kehrt man – meist verkatert – ein, um Sunday Roast zu essen.

Die Leidenschaft für das Pub ist das Einzige, was alle Engländer wirklich eint, das Pub ist der Ort, an dem alle gleich sind: reich und arm, Arbeiter und Aristokrat. An jenem Nachmittag in der Columbia Road sah ich zum Beispiel an einem der Tische eine Tochter von Bob Geldof mit dem It-Girl Alexa Chung sitzen, aber niemand interessierte sich für ihren Promistatus. Sogar die bekannteste und beliebteste Engländerin aller Zeiten ging gerne ins Pub – wahrscheinlich auch, weil man sie nur dort in Ruhe ließ. Lady Dianas Lieblingspub war „The Admiral Codrington" in Chelsea, auch kurz „The Cod" genannt, und ist noch heute ein Szenetreffpunkt der sogenannten Neo-Sloane Ranger (das sind die schicken Bewohner der Gegend um den Sloane Square).

Heimlich empfinde ich eine große Faszination für Lady Diana. Völlig gebannt saß ich als Kind vor dem Fernseher, als sie heiratete, und war als Erwachsene schockiert, als sie verunglückte. Natürlich besuchte ich ihr Lieblingspub, in der Hoffnung, mich prompt ein bisschen Lady-Diana-mäßiger zu fühlen. „The Cod" ist ein gemütliches Lokal mit einem Pub-Bereich mit Theke und vielen Gemälden (Diese zeigen als Reminiszenz an Admiral Edward Codrington alle Schiffe auf hoher See.) und einem Restaurantbereich mit kleinen Tischen, von denen aus man durch ein Fenster den Küchenbereich einsehen kann. Hier kocht Orett Hoilett, ein junger Küchenchef aus Jamaica, der erst seit kurzem über die Küche des „The Cod" herrscht und viel zu jung ist, um von den Zeiten erzählen zu können, als Lady Diana noch hier ihr Pint trank. Orett erzählt mir stattdessen seine Lebensgeschichte: wie er in Jamaica seine Karriere begann, dort eine Frau aus London kennenlernte, von seiner Hochzeit und seinem ersten Baby, wie er im Londoner „Savoy Hotel" kochte und schließlich in diesem Pub in Chelsea landete. Außerdem hat er mir eines seiner Rezepte geschenkt – einer meiner Lieblingsklassiker der britischen Küche: Bangers and Mash.

The Admiral Codrington
17 Mossop St., London SW3 2LY
www.theadmiralcodrington.co.uk

BLOODYMARY

Bloody Mary
nach Art von Admiral Codrington
Ergibt 2 große Gläser

GEWÜRZMISCHUNG

1 TL Worcestersauce

½ TL Meerrettich

1 Prise Cayenne-Pfeffer oder

ein paar Tropfen Tabasco

⅓ TL Englischer Senf

BASILIKUM-WODKA

(2 Tage vorher zubereiten)

1 Bund frisches Basilikum

1 l Wodka

NORD MIX

⅓ Ingwerwein

⅓ Jameson Irish Whiskey

⅓ Sherry-Likör

WEITERE ZUTATEN

Eis

Tomatensaft

2 Zitronenscheiben

2 Selleriesticks

frisch gemahlener schwarzer Pfeffer

Alle Zutaten für die Gewürzmischung vermengen und beiseitestellen.

Für den Basilikum-Wodka das Basilikum waschen und trocknen.

Den Wodka in ein verschließbares Gefäß geben und die Basilikumblätter hinzufügen.

2 Tage stehen lassen und einmal am Tag leicht schütteln, am Ende abseihen.

Den Wein, Whiskey und Sherry für den Nord Mix vermengen.

Zum Servieren 25 ml Basilikum-Wodka und 25 ml Nord Mix in ein hohes, bauchiges Glas geben.

Die Hälfte der Gewürzmischung hinzufügen und das Glas mit Eis und Tomatensaft auffüllen.

Mit einer Zitronenscheibe und einem Selleriestick garnieren.

Schwarzen Pfeffer zum Abschmecken bereitstellen.

Bangers and Mash

à la Orett Hoilett

Für 4 Personen

1 rote Zwiebel

1 TL Rapsöl

2 TL brauner Zucker

850 g Kartoffeln

8 frische Bratwürste, grob oder fein

1 EL Mehl

100 ml Rotwein

1 EL Worcestersauce

300 ml Kalbsfond

100 ml Milch, erwärmt

75 g Butter

2-3 TL körniger Senf

servierfertiger Rotkohl

Die Zwiebel schälen und in dünne Ringe schneiden. In einer großen Pfanne das Öl erhitzen, die Zwiebel hinzufügen und mit dem Zucker bestreuen. 13-16 Minuten sanft dünsten und von Zeit zu Zeit rühren, bis die Zwiebeln karamellisiert sind.

Den Backofengrill vorheizen.

Die Kartoffeln schälen und in mundgerechte Stücke schneiden. In leicht gesalzenem Wasser etwa 15 Minuten kochen, bis sie gar sind. Die Würste ca. 18 Minuten grillen, dabei mehrmals wenden, bis sie eine schöne goldbraune Farbe haben.

Das Mehl über die karamellisierten Zwiebeln streuen, verrühren und weiter erhitzen, bis Zwiebeln und Mehl miteinander verbunden sind. Dann den Wein zugießen und auf die Hälfte einkochen. Worcestersauce und Kalbsfond zugeben und aufkochen. Dann die Hitze reduzieren und alles sanft köcheln lassen.

Das Kartoffelwasser abgießen. Die Kartoffeln im Topf stampfen und mit Milch und Butter verrühren. Mit dem Senf abschmecken. Zum Servieren eine Portion Kartoffelpüree auf jedem Teller anrichten. Den erhitzten Rotkohl sowie zwei Würste dazugeben und mit Sauce übergießen.

Miss Violets Tipp:

Die besten Fish & Chips Londons
gibt es bei Poppie's –
manchmal mit Live-Musik,
immer mit Kellnerinnen und
Ambiente im Fifties-Look!

Poppie's Camden
30 HAwley Crescent,
London NW1 8NP

Poppie's Spitalfields
6-8 Hanbury St,
London E1 6QR

www.poppiesfishandchips.co.uk

EAT ME

FISH & CHIPS **Für 4 Personen**

POMMES FRITES

600 g vorwiegend festkochende Kartoffeln

1 kg Frittierfett

ERBSENPÜREE

1 Stück Butter

4 Hand voll frisch gepalte Erbsen

½ Bund frische Minze, Blätter abgezupft und gehackt

1 Spritzer Zitronensaft

Salz und frisch gemahlener schwarzer Pfeffer

FISCH

4 weiße Fischfilets, z.B. Kabeljau

220 g Mehl, 15 Minuten vor dem Verwenden in die Tiefkühltruhe geben

3 TL Backpulver

300 ml sehr kaltes Bier

Salz und frisch gemahlener schwarzer Pfeffer

Mehl zum Bestäuben

Öl zum Frittieren

Kartoffeln schälen, waschen, in Stifte schneiden und in einem Geschirrtuch trocken reiben. Das Frittierfett auf 150 °C erhitzen und die Pommes frites darin portionsweise ca. 3 Minuten vorfrittieren. Herausnehmen, auf Küchenpapier abtropfen lassen und zum Abkühlen beiseitestellen.

Für das Erbsenpüree Butter, Erbsen und Minze in einem Topf zugedeckt etwa 10 Minuten dünsten. Zitronensaft dazugeben, salzen und pfeffern. Die Erbsen mit dem Pürierstab oder in der Küchenmaschine fein pürieren, dann warm halten.

Das Öl für den Fisch in einer Pfanne mit hohem Rand oder das Fett in der Fritteuse auf 185 °C erhitzen. Die Fischfilets auf beiden Seiten mit Salz und Pfeffer einreiben. Mehl und Backpulver vermischen, das Bier mit einem Schneebesen einrühren, sodass eine glatte, zähflüssige Masse entsteht. Die Schüssel neben der Fritteuse oder Pfanne positionieren und Küchenpapier bereithalten. Die Fischfilets einzeln in Mehl wenden, durch den Teig ziehen und überschüssigen Teig abtropfen lassen. Vorsichtig in das heiße Öl gleiten lassen – es muss genug Öl in der Pfanne sein, damit die Fischstücke darin schwimmen können. Zwei Fischfilets zur gleichen Zeit frittieren. Frittierkorb oder Pfanne nun ganz leicht schütteln, damit die Fische nicht aneinanderkleben. Etwa 4 Minuten frittieren, bis der Backteig goldbraun und knusprig ist. Aus dem Fett heben, auf Küchenpapier abtropfen lassen, dann sofort servieren oder auf einem Backblech bei 160-180 °C im Ofen warm stellen.

Die Pommes frites noch einmal bei 180 °C portionsweise goldgelb fertig frittieren. Herausnehmen, auf Küchenpapier abtropfen lassen und nach Belieben würzen.

Fisch, Pommes frites und Erbsenpüree sofort zusammen servieren.

Etikette RUND UMS TRINKEN im Pub

DIE WICHTIGSTEN GRUNDREGELN:

1.

Bier wird als Pint oder Half Pint getrunken.

2.

Im Pub bestellt und bezahlt man an der Theke, nicht am Tisch.

3.

Bestellen Sie im Pub Bier, Cider oder Ale, aber nie Wein!

Vor allem Männer büßen sonst den Respekt der anderen Pub-Besucher ein.

Fragen Sie niemals nach Daiquiri, Margarita oder anderen exotischen Mixgetränken.

4.

Kleine Tüten mit Chips werden in allen Pubs verkauft, damit der Alkohol nicht zu schnell

ins Verderben stürzt. Bestellen Sie „crisps" und keinesfalls „chips",

sonst wird man Ihnen einen Teller Pommes frites servieren.

5.

Das erste Klingeln der Glocke im Pub bedeutet „Letzte Runde",

das zweite Klingeln bedeutet „Bar geschlossen". Pubs schließen um 23.00 Uhr, basta.

6.

Dass man im Pub kein Trinkgeld gibt, ist ein Missverständnis.

7.

Bloody Mary darf schon morgens getrunken werden.

8.

Frauen, die Männer unter den Tisch trinken, nennt man „Ladette",

also ein weiblicher „Lad" (= Kerl, Junge).

9.

Im Sommer trinkt man Pimm's (eine Mischung aus dem Likör Pimm's Nr. 1,

7-Up-Limonade und dunklem Bier).

10.

Im Winter trinkt man „mulled wine", die englische Version von Glühwein.

11.

Achtung, Mädels! Die meisten britischen Liebesbeziehungen finden ihren Anfang

in einem alkoholgetränkten One-Night-Stand. Das ist eine Tatsache!

12.

Bestellen Sie niemals ein Getränk nur für sich.

Es wird in Runden spendiert und jeder ist einmal dran.

13.

Wenn Sie ein Getränk ausgeben möchten, fragen Sie „Can I get you a drink?"

und niemals „Can I buy you a drink?". Die zweite Formulierung klingt nach Wohltätigkeit

und wäre beleidigend.

BOHNEN ZUM FRÜHSTÜCK
Aufwachen! Es warten schon Pancakes, Bacon und Waffeln ...

Der Film Trainspotting hat mich für immer versaut, denn wann immer ich das typisch englische Frühstück, das Fry-Up oder Full English, wie es die Briten nennen, vor mir sehe, muss ich an die Filmszene denken, in der die Familie von Spuds Freundin gut gelaunt und fast unschuldig wirkend am Frühstückstisch mit Bohnen, Speck und Eiern vor den Tellern sitzt und kurz davor ist, eine sehr ekelhafte Erfahrung zu machen. Aber alles nur Fiktion, schnell vergessen!

Bei welcher Gelegenheit ein Engländer das Full English erfunden haben muss, ist klar: nach einer durchzechten Nacht. Jener Engländer muss sehr verkatert und hungrig gewesen sein, mit viel Restalkohol im Blut. Alles, was er finden konnte, schmiss er in eine heiße Pfanne: ein paar Eier hier, ein bisschen Bacon da, Kartoffeln, Blutwurst, Pilze – oh, und in dem Topf auf der Feuerstelle sind ja noch alte Bohnen von vorgestern. Fälschlicherweise dachte ich immer, das Full English sei das Lieblingsfrühstück von Männern, genauer gesagt von Arbeitern, die zum zweiten Frühstück am Vormittag etwas Warmes und Proteinreiches im Magen brauchen, um den Asphalt der Straßen besser aufreißen oder Häuser besser bauen zu können – ist aber nicht wahr.

Auch anmutige Frauen und zarte Knaben habe ich schon dabei beobachtet, wie sie sich Bohnen und Bacon zum Frühstück reinschoben, als sei es ganz normal: Wer sich an einem Freitag-, Samstag-, oder Sonntagmorgen zu einem der hippen „Breakfast-Clubs" in Shoreditch, Camden oder Soho aufmacht, wird sich in einer Warteschlange voller niedlicher Elfenmädchen und Ray Ban tragender Hipstern wiederfinden. Merken Sie sich: Das Full English ist nicht nur cool, sondern sogar posh. In den Luxushotels Dorchester und Ritz würde man es sonst nicht auf der Frühstückskarte finden – allerdings kostet der Klassiker hier 40 Euro und damit mehr als das vierfache des üblichen Preises.

Das englische Frühstück hat aber mehr zu bieten als gebratenes Allerlei: Eggs Benedict etwa, der getoastete Muffin mit Schinken, pochiertem Ei und Sauce hollandaise, kann man nirgendwo so gut essen wie in London. Im „St. Johns Restaurant" gibt es das beste Bacon Sandwich der Stadt und für den Sausage Bap in der Bar „Italia" nehmen viele die morgendliche Rushhour in der Stadt in Kauf. Man lässt sich auch von anderen Nationen inspirieren: das Schweizer Bircher Müsli, amerikanische Pancakes, französische Brioche und belgische Waffeln erfreuen sich momentan großer Beliebtheit. Weil man, um ein Full English zu zaubern, nicht wirklich ein Rezept braucht – braten Sie Eier, Speck, Champignons, Würstchen, Blutwurst in der Pfanne, wärmen sie Baked Beans auf –, kommt hier ein Rezept für belgische Waffeln mit warmen Beeren, das ich so ähnlich im „Balthazar" in Covent Garden, einem der schönsten Frühstück-Spots Londons, gegessen habe:

BESTE FRÜHSTÜCK-SPOTS

Für die ganze Familie:

Balthazar

(6 Russell St, London WC2B 5HZ,

www.balthazar.com)

Brasserie in Covent Garden mit Art-déco-
Interieur, einer hauseigenen Bäckerei und
lebhafter Atmosphäre.

Das Beste: Eggs Benedict

Preis: £ £ £

Für ein Date:

The Wolseley

(160 Piccadilly, London W1J 9EB,

www.thewolseley.com)

Der Klassiker – elegant, schick und perfekt zum
Sehen und Gesehen werden

Das Beste: Rührei mit Lachs und gerösteten
Brioche

Preis: £ £ £

Für eine authentische Erfahrung:

The Counter Café

(7 Roach Rd, London E3 2PA,

www.thecountercafe.co.uk)

Ehrliches Frühstück ohne viel Chichi
in einem coolen Loft-Space am Kanal

Das Beste: Full English

Preis: £

Für Hipster:

The Breakfast Club

(33 D'Arblay St, London W1F 8EU,

www.thebreakfastclubcafes.com)

Comfort-Food, toll für Frühstück mit Freunden,
aber unbedingt reservieren

Das Beste: die Pancakes

Preis: £ £

Für Vegetarier:

The Modern Pantry

(47-48 St John's Square, London EC1V 4JJ,

www.themodernpantry.co.uk)

Sehr britischer Stil! Süßes, stylishes Café, relaxte
Atmosphäre, hippes Publikum

Das Beste: der Brunch am Samstag
und Sonntag

Preis: £ £

HASELNUSSWAFFELN
mit heißen Beeren Für 16-18 Waffeln

WAFFELN

450 g Mehl

2 ½ TL Backpulver

½ TL Natron

½ TL Salz

1 TL Zucker

3 Eier

350 g saure Sahne

350 ml Milch

175 g Butter

zzgl. etwas mehr zum Einfetten der Waffeleisen

75 g Honig

115 g Haselnüsse, geröstet und grob gehackt

BEEREN

150 g frische Erdbeeren

200 g frische Himbeeren

200 g frische Heidelbeeren

175 g frische Brombeeren

100 g Zucker

1 EL frisch gepresster Zitronensaft

Mehl, Backpulver und Natron in eine Schüssel sieben, dann mit Salz und Zucker vermischen.

In einer weiteren Schüssel die Eier, saure Sahne und Milch verquirlen. Die trockenen Zutaten zur Eiermischung geben, dann alles mit dem Schneebesen oder dem Handmixer schlagen, bis die Masse glatt ist.

Butter und Honig in einer Pfanne erhitzen und zum Teig gießen. Gut verrühren, dann den Teig mindestens 30 Minuten ruhen lassen.

Etwas Butter zerlassen, um das Waffeleisen einzufetten. Etwas Teig in das Waffeleisen füllen, mit gehackten Haselnüssen bestreuen und das Waffeleisen schließen, dabei den Anweisungen des Herstellers folgen. Kleiner Hinweis: Die erste Waffel wird nicht die schönste sein!

Alle Beeren in einem Durchschlag waschen, dann putzen. Überreife oder beschädigte Früchte nicht verwenden. Die Hälfte der Beeren mit Zucker und Zitronensaft in einen mittelgroßen Topf geben. Bei mittlerer bis schwacher Hitze rühren, bis die Beeren zerfallen oder aufplatzen. Etwa 5 Minuten weiterköcheln und -rühren. Die Masse durch ein Sieb in einen sauberen Topf passieren. Die restlichen ganzen Beeren dazugeben und nur erwärmen, nicht kochen. Zu den Waffeln reichen.

LONDON BEI NACHT

Wieso den Londonern ihr eigenes Nachtleben nicht gefällt

An der Bar des Hoxton Hotels in Shoreditch hatte ich ein Date mit einem Engländer, den ich Wochen zuvor auf einer Party in Düsseldorf kennenlernte. Tim Allen ist Nachtlebenexperte und daher der perfekte Ansprechpartner, wenn man Tipps zum Ausgehen in London braucht.

Mit 18 Jahren zog der Brite von Essex nach London, eröffnete und schloss in den letzten 25 Jahren mehrere Bars und Clubs. Von dem, was das Nachtleben seiner Stadt heutzutage zu bieten hat, ist er aber wenig hingerissen. In den 1990er-Jahren, sagt Tim, habe London seine beste Zeit erlebt. Heute seien die meisten Clubs langweilig, es gebe keine Überraschungen mehr und man wisse bereits am frühen Abend, was man am Ende der Nacht erlebt haben wird. Von den drei Elementen einer guten Party – großartige Musik, tolle Atmosphäre, interessantes Publikum – würde man in hiesigen Clubs meistens auf eins verzichten müssen. Es gibt zwei-erlei Arten, in London auszugehen: upperclass und underground. Auf der einen Seite sind da die Clubs, in denen man herausgeputzt in Designerkleidern und High Heels an einem gebuchten Tisch sitzt und eine gigantische Wodkaflasche in einem mit Eiswür-feln gefülltem Eimer vor sich stehen hat. Ein solcher Tisch wird meistens von einem oder mehreren Jun-gen in der Runde spendiert und kostet in der güns-tigsten Version mindestens 1000 Pfund. Die Musik in Upperclass-Etablissements kommt vom DJ des Hauses, der keinen prominenten Namen hat und Hits aus dem Bereich Electro, Hip-Hop und RnB spielt. Auf der anderen Seite gibt es die Fabrikhallen in East London, in denen man ernsthaft raven kann. Hier treten international bekannte House- und Techno-DJs auf und man sollte gut aufpassen, aus wessen Glas man trinkt, denn in vielen befindet sich stimmungshebendes MDMA. Version 1 wird am liebsten von reichen Kids besucht, Version 2 von der coolen East-London-Crowd – und natürlich gibt es Grauzonen, wenn sich das Publikum vermischt. Was fast alle Clubs gemeinsam haben, ist die strenge Tür. Mal braucht man eine Reservierung, um eintreten zu dürfen, mal muss man jemanden kennen und zum Türsteher sagen: „I know Sam". Eigentlich sollte man immer so aussehen, dass man vom Türsteher als Bereicherung für den Club empfunden wird. Gehen Sie also niemals in Jeans los, liebe Ladys! Clubbing auf die englische Art ist keine demokratische, einfache Angelegenheit wie in Deutschland.

Nach ein paar Gläsern Wein konnte sich mein Experte zum Glück doch dazu durchringen, mir die letzten guten Clubs der Stadt zu nennen. Die 1990er-Jahre sind vielleicht nicht wiederzubeleben, aber amüsieren will man sich ja trotzdem. Übrigens geht das sehr gut im Hoxton Hotel. Von der Bar erwartet man nicht viel, wird aber positiv überrascht. Wenn Sie an einem Wochenende auf ein paar Drinks vorbeischauen, werden Sie ziemlich gute Musik hören, von mindestens drei niedlichen Engländern angesprochen und am nächsten Morgen höchstwahrscheinlich verkatert, aber sehr zufrieden aufwachen. Ich denke, sogar der gelangweilte Experte hat sich heimlich amüsiert.

The Hoxton Hotel Shoreditch, 81 Great Eastern Street, London EC2A 3HU

Tim Allens Tipps

93 FEET EAST
Hardcore Clubbing, am besten sonntags ab 14 Uhr
The Old Truman Brewery
150 Brick Lane
London E1 6QL
www.93feeteast.co.uk

CALLOOH CALLAY
Kleine Cocktailbar mit toller Atmosphäre
65 Rivington Street
Shoreditch
London EC2A 3AY
www.calloohcallaybar.com

ECC – EXPERIMENTAL COCKTAIL CLUB
Late-night-Drinks bis 3 Uhr morgens in Chinatown
13a Gerrard Street
Chinatown
London W1D 5PS
www.chinatownecc.com

THE HOXTON PONY
Die erste Cocktailbar in Shoreditch
104–108 Curtain Road
London EC2A 3AH
www.thehoxtonpony.com

THE NEST
Lieblingsclub der coolen Fashion-Crowd
36 Stoke Newington Road
Dalston
London N16 7XJ
www.ilovethenest.com

CHINA WHITE
Nachtclub-Klassiker: in den 1980ern eröffnet und immer noch gut
4 Winsley Street
London W1W 8HF
www.chinawhite.com

HOXTON & TONIC

Ergibt 1 Drink

Eiswürfel
50 ml Hoxton Gin
150 ml Fever Tree Tonic Water
1 Zitronenspalte

Eiswürfel, Gin
und einen Teil des Tonics
in ein Highball-Glas füllen,
dann die Zitronenspalte
und einen
Cocktail-Rührstab
dazugeben.
Restliches Tonic
separat
dazu reichen.

Miss Violets Tipp:

Vergessen Sie „Gordon's" oder „Hendricks" – in London trinkt man jetzt Hoxton Gin und bestellt den Klassiker an der Bar als „Hoxton und Tonic".

BURGER UND LOBSTER
Ein Restaurant, das die Herzen im Sturm erobert

Im Stadtteil Clerkenwell besuchte ich ein Restaurant, das sich von außen unauffällig zwischen einige Bars und andere Restaurants eingliederte. Nur ein kleines weißes Schild, auf dem in schwarzer Schreibschrift „Burger & Lobster" zu lesen war, deutete auf eins meiner kulinarischen Highlights in London hin.

Der Stadtteil Clerkenwell ist für Menschen, die gerne essen gehen, aufgrund der Restaurantdichte interessant, hat ansonsten aber nichts von touristischem Interesse zu bieten. Das urbane Clerkenwell liegt zwischen der Innenstadt (Oxford Street) und Shoreditch. Hier wohnen vor allem Banker in gigantischen Lofts und Dachgeschoss-Wohnungen, deren monatliche Miete schon mal in den fünfstelligen Bereich reichen kann. Vor allem Einrichtungsfachgeschäfte der Luxusklasse wie Vitra oder Bulthaup, sowie etliche Maklerfirmen haben sich hier wegen der verheißungsvollen Klientel niedergelassen.

Rund um die St. John Street in Clerkenwell können Sie aber wirklich sehr gut essen. Das berühmte „St. John Restaurant", das Schwester-Restaurant des „Hawksmoor", das „Foxlow", „Polpo" und „Hix Oyster & Chop House" sind einen Besuch wert – und dann eben auch und vor allem das „Burger & Lobster" (mit insgesamt fünf Filialen). Das Burger und Lobster!! Dieses Restaurant ist mal gar nichts für diejenigen, die weder Burger noch Lobster mögen, alle anderen werden es lieben. Es gibt nur drei

Gerichte und keine Karte, denn der Kellner erzählt Ihnen alles Nötige am Tisch: Sie wählen zwischen Burger, Lobster, Lobster Roll. Dazu werden Pommes frites und ein kleiner Salat serviert, der Lobster kommt mit geschmolzener Knoblauch-Petersilien-Butter auf den Tisch.

Weil ein Lobster immer stylish aussieht, weil Sie ein Plastiklätzchen tragen und weil man Ihnen Zangen und andere Geräte bringt, um an das Fleisch der Scheren zu gelangen, ist ein Dinner im „Burger & Lobster" immer ein guter Eisbrecher bei steifer Gesellschaft, aber eher nichts für ein erstes Date.

In manchen Filialen kann bzw. darf man reservieren, in manchen nicht oder für bestimmte Tageszeiten oder für eine bestimmte Anzahl Personen, darum informieren Sie sich am besten, kurz bevor es ernst wird, in Ihrer Wunschfiliale. In meiner Filiale stand ein Mädchen mit wasserstoffblonden Haaren und sehr schmaler Taille am Empfang und schrieb meinen Namen auf eine Liste. „It is 45 minutes wait", versprach sie und empfahl entweder einen Drink an der Bar oder das Hinterlassen einer

Telefonnummer, damit die 45 Minuten woanders kurzweilig verbracht werden können. Ich entschied mich für die Bar, trank zwei unglaublich köstliche Cocktails mit lustigen Namen und Granatapfelkernen und war bei Ankunft am Tisch schon fröhlich gestimmt. Ich war dann noch einmal nüchtern in einer anderen Filiale und die Begeisterung war wieder genauso stark.

In Deutschland habe ich den Lobster-Trend entweder verschlafen, übersehen oder es gibt und gab ihn einfach nicht. In London stehen Lobster in vielen Must-Do-Restaurants auf der Speisekarte. Das „Burger & Lobster" ist nicht nur mit einem Preis von etwa 20 Pfund pro Lobster im Vergleich der günstigste Anbieter, sondern sicherlich auch der mit dem größten Spaßfaktor.

Burger & Lobster
40 St John's Street, Smithfield,
London EC1M 4AY
www.burgerandlobster.com

DER BURGER-WETTKAMPF
Das Lieblings-Streitobjekt der Londoner

Wo gibt es den besten Burger der Stadt? Diese Frage scheint leicht zu beantworten, ist sie aber nicht. „Lucky Chip"? „Honest Burgers Soho"? „Bar Boulud"? „MEATliquor"? „Patty & Bun"? „Mother Flipper"? „Tommi's Burger Joint"? „Dirty Burger"?

Wann ausgerechnet der Burger zum Lieblingsstreitobjekt der Londoner wurde, kann sich niemand mehr erinnern. Sicher ist: Food-Blogger, Journalisten von Time Out London bis Vogue sowie Köche verschiedener Lokale haben es sich zur vorrangigen Aufgabe gemacht, den perfekten Burger Londons zu küren. Restaurants wie das „Hawksmoor", Burger-Ketten wie „Five Guys" und Straßenverkäufer sind dabei im Visier der leidenschaftlich diskutierenden Burger-Fans, die sich wohl nie einig werden wollen. Wenn Sie selbst wissen wollen, welcher Burger der beste ist, gibt es nur eine Möglich-

keit: Kommen Sie nach London und führen Sie eine eigene Testreihe durch.

Den besten selbst gemachten Burger habe ich auf einer Dachterrassen-Grillparty gegessen. Gastgeber Magnus verrät hier das Rezept für seinen messy „Magnus-Burger" (messy = dt. unordentlich), dessen Geheimnis eigentlich die Burgersauce ist. Also keine falsche Scham: Wenn Sie diesen Burger verspeisen, kommt es zwangsläufig zu einer mehr oder minder großen Sauerei, aber das gehört zum Burgervergnügen eben dazu.

Gegrillter Lobster
mit Burnt-butter-Sauce und Zitronen

Für 8 Personen

150 g Butter   **3 EL Zitronensaft**

2 EL fein gehackte Petersilie   **1 kleine Knoblauchzehe,** grob zerdrückt

8 rohe Hummerschwänze (Lobster) in der Schale

2 Zitronen, in Spalten geschnitten

Salz und frisch gemahlener schwarzer Pfeffer

Die Butter in einem kleinen Topf zerlassen und für 3 Minuten erhitzen, bis sie beginnt, braun zu werden. Die Hitze reduzieren und weitere 2 Minuten dunkel und golden werden lassen. Den Topf vom Herd nehmen, Zitronensaft, Petersilie und Knoblauch hinzufügen und mit Salz und Pfeffer würzen.

Die Hummerschwänze längs aufschneiden, Verdauungsorgane entfernen, aber das Hummerfleisch noch nicht aus der Schale lösen.

Den Holzkohlegrill vorglühen; optimal ist eine direkte mittlere Hitze. Die Lobster wiederholt mit der burnt butter bepinseln. Dann mit der Schnittseite nach unten etwa 6 Minuten grillen, umdrehen und weitere 3–5 Minuten grillen, bis die Schale rot ist.

Gleichzeitig die Zitronenspalten auf die heißeste Stelle des Grills legen und von jeder Seite 1 Minute grillen, sodass sie Farbe annehmen und heiß sind. Die Lobsterschwänze mit den Zitronenspalten auf einer Platte anrichten und die restliche Butter als Dip dazu reichen.

DER MAGNUS-BURGER **Für 4 Personen**

BURGER-SAUCE	**2 TL Senf**
5 EL Mayonnaise	**Sonnenblumenöl zum Braten**
2 EL Ketchup	**4 Scheiben Käse**
1 TL mittelscharfer Senf	**4 Burger-Brötchen**
1 TL „Original" HP Sauce	**40g Butter**
1 Salzgurke, sehr klein gehackt	**¼ Eisbergsalat,** geputzt
Salz und frisch gemahlener schwarzer Pfeffer	**2 Tomaten,** in Scheiben geschnitten
	1 kleine rote Zwiebel, geschält und in Ringe ge-
BURGER	schnitten
500 g Rinderhack (Bioqualität)	**Ketchup**
1 kleine Zwiebel, gerieben	**Salz und frisch gemahlener schwarzer Pfeffer**
1 TL Chilipulver	

Für die Sauce alle Zutaten in einer Schüssel ver-rühren, dann im Kühlschrank 20 Minuten ruhen lassen.

Für den Patty das Hackfleisch, die geriebene Zwiebel, Chilipulver und Senf in eine Schüssel geben, salzen und pfeffern. Alles mit den Händen durchkneten, bis die Zutaten richtig gut vermischt sind.

Den Ofen auf 140 °C vorheizen.

Aus der Hackfleischmischung nun vier gleich große Pattys formen. In einer Pfanne Öl stark erhitzen, dann auf mittlere Hitze herunterschalten und die Pattys etwa 4 Minuten braten, wenden und weitere 3 Minuten braten. Nun den Käse auf die Pattys legen und weitere 2 Minuten braten. Aus der Pfanne heben und im vorgeheizten Ofen warm halten.

Die Burger-Brötchen halbieren. Das Öl aus der Pfanne weggießen und die Butter darin erhitzen. Die untere Hälfte der Brötchen auf der Schnittseite anbraten, sodass eine goldene, knusprige Oberfläche entsteht. So wird verhindert, dass die Sauce das Brötchen zu schnell durchweicht.

Nun die hausgemachte Burger-Sauce großzügig auf den unteren Brötchenhälften verstreichen, dann erst ein wenig Salat, danach Tomatenscheiben darauflegen. Der heiße Burger mit dem geschmolzenen Käse kommt auf die Tomatenscheibe, zuletzt mit roten Zwiebelringen belegen. Auf die Schnittseite der oberen Brötchenhälften etwas Ketchup streichen, dann auf den Burger legen.

BRIT BOYS

Warum englische Jungs irgendwie anders sind

Wenn man den feinen Unterschied zwischen Brit Boy und German Guy festmachen kann, dann am Beispiel meines Freundes Dave, denn – um es mit Goethe zu sagen – „zwei Seelen wohnen, ach! in meiner Brust". Dave ist halb Engländer und halb Deutscher. Vor allem aber ist er ein toller Koch, der gern den Sonntag damit verbringt, das perfekte Brathuhn zuzubereiten.

Ich treffe ihn in dem Pub „Electricity Showrooms" in Shoreditch. Es ist etwa 18 Uhr und somit die beste Pub-Zeit. Das After-Work-Publikum steht wie immer VOR dem Lokal, denn nur hier darf man rauchen. Drinnen ist es leer, es riecht nach kaltem Bier, gelegentlich holen sich die Gäste an der Theke ein frisches Pint. Während unseres Gesprächs trinkt Dave bestimmt vier Pint Bier, vielleicht sind es auch sechs – ein echter Engländer eben, der seinen Feierabend jeden Tag begießt, als sei es der letzte.

Wie viele Londoner, ist Dave immer tadellos gekleidet, meist trägt er einen „Oben-Lord-und-unten-Homie"-Look, der heute aus einem gut geschnittenen Hemd, locker sitzenden Acne-Jeans, Sneakers von Common Projects und einer Sonnenbrille von Oliver Peoples besteht.

Britische und deutsche Männer teilen zwar einige Interessen – Fußball und Bier, um nur die beiden wichtigsten zu nennen –, im Großen und Ganzen aber sind sie so verschieden wie Äpfel und Birnen. Der Mentalitätsunterschied zeigt sich vor allem beim Umgang mit Frauen: in Deutschland unbefangen, in England verkrampft. Hierzulande ist es durchaus üblich, dass Jungs und Mädchen befreundet sind, in England kommt das praktisch nicht vor. Engländer sind dem weiblichen Geschlecht gegenüber extrem voreingenommen und sehr schüchtern. Viele können nur mit Mädchen reden, wenn sie sich entsprechend Mut angetrunken haben.

Nehmen wir meinen Freund Dave. Dave verzaubert Mädchen nicht nur mit seinen Kochkünsten, manchmal schafft er es auch mit seinem britischen Humor. Britischer Humor in Flirtsituationen streift oft die Grenze einer Beleidigung, die Engländer nennen es „taking the mick" und es bedeutet so viel wie „sich aufziehen" oder „auf den Arm nehmen".

Dazu passt die deutsche Redensart „Was sich neckt, das liebt sich" – allerdings beschreibt das vorrangig Verhalten unter Teenagern und sollte irgendwann nach der Pubertät überwunden werden.

....

WAS MACHT ALSO DEN ENGLÄNDER ZUM ENGLÄNDER? HIER SIND ZEHN DINGE, DIE ICH ZUSAMMENGETRAGEN HABE:

....

1. Sein ausgeprägter Sinn für Stil, und zwar so ausgeprägt,
dass es fast ins Metrosexuelle geht. Nicht umsonst kauft der Mann
von Welt seine Garderobe in London (Frauen dagegen ergänzen ihre Garderobe in Paris).

2. Sein Charme. Britische Jungs sind weniger direkt als deutsche Jungs:
Sie sind zwar weniger persönlich, aber dafür sehr höflich. Der „Gentleman" kommt nicht von ungefähr
aus Großbritannien und das merkt man schnell, wenn man sich in London mit Jungs unterhält.

3. Seine Schüchternheit, die allerdings nach ein paar Pint Bier nachlässt oder sogar ganz verschwindet.
Engländer lernen anscheinend in der Kindheit nicht, mit dem anderen Geschlecht zwanglos umzugehen;
das liegt möglicherweise daran, dass die meisten Schulen immer noch nicht koedukativ sind.
Nur so ist es zu erklären, dass Madonna Guy Ritchie einmal als „emotionally retarded" bezeichnete.

4. Er zeigt seine Gefühle schon kaum daheim, geschweige denn außer Haus. Knutschen, Händchenhalten
und andere Liebesbekundungen in der Öffentlichkeit wird es mit einem Engländer nicht geben.

5. Man weiß nicht recht, ob er hetero- oder homosexuell ist – bei manchen ist es schier nicht zu unter-
scheiden. Je posher der Akzent, je ausgeprägter die Affinität für Mode und andere Lifestyle-Merkmale, je
blasierter die Mimik, desto schwieriger wird es, den Unterschied klar auszumachen.

6. Sie können feiern wie sonst keiner – auf Booten, in Fabrikhallen,
auf Dächern. Briten feiern bis zum Umfallen.

7. Briten nennen sich gegenseitig „Mate", also Kumpel. Egal, ob sie sich sehr gut kennen
oder fast gar nicht, ein „Mate" muss in jeder Unterhaltung mindestens einmal fallen,
sonst ist es keine richtige Unterhaltung unter Männern.

8. Im Pub bestellen sie am liebsten folgende Biere: 1. Stella Artois 2. Heineken 3. Guiness

9. Britische Männer nennen ihre Freundinnen häufig „Dear" oder „Sweetie", verbringen gesellige Abende
jedoch lieber ohne sie. Lieber trinken sie Bier mit Freunden, spielen Playstation, schauen Fußball.

10. Ihr Humor kann manchmal ins Gemeine umschlagen, aber es ist niemals so gemeint, sondern als
freundliche Aufforderung, es mit gleicher Münze zurückzuzahlen.

....

David Peryers

BRATHÄHNCHEN MIT
TRÜFFEL-Schnittlauch-MAYO

Für 2-3 Personen

BRATHUHN

1 Freiland-Hähnchen, ca. 1,2 kg

125 g kalte Kräuterbutter

4 Knoblauchzehen

2 Zwiebeln

1 kleine unbehandelte Zitrone

2-3 Thymianzweige

4 Karotten

2 Stangen Sellerie

einige Lorbeerblätter

150 ml Wasser

150 ml Weißwein

Salz und frisch gemahlener schwarzer Pfeffer

MAYONNAISE

3 Eigelb (von Hühnern in Freilandhaltung)

450 ml mildes Olivenöl

1 Spritzer Zitronensaft

½ Knoblauchzehe

1 EL Trüffelöl

frische Schnittlauchröllchen

Salz und frisch gemahlener schwarzer Pfeffer

»»—→ »»—→ »»—→ »»—→ »»—→ »»—→

Den Ofen auf 250 °C vorheizen

Das Hähnchen innen und außen waschen, dann gut trocken tupfen. Die Brusthaut vorsichtig vom Fleisch lösen (aber nicht komplett abtrennen), indem man mit den Fingern oder einem Kochlöffelstiel zwischen Haut und Fleisch entlangfährt.

Die Kräuterbutter in Scheiben schneiden und unter die Haut der Brust schieben. Mit Salz und Pfeffer das Hähnchen nach Belieben von innen und außen würzen. Zwei Knoblauchzehen und die Zwiebeln schälen und vierteln. Die Zitrone waschen und in Scheiben schneiden. Knoblauch, Zwiebeln und die Zitrone mit den Thymianzweigen in das Hähnchen legen. Die Karotten, den Sellerie und die beiden restlichen Knoblauchzehen schälen und grob hacken. Als Gemüsebett in einen Bräter geben und ein paar Lorbeerblätter darauf verteilen. Das Hähnchen obenauf legen.

Den Bräter im Ofen auf einen Rost stellen und alles 15 Minuten grillen, dann die Temperatur auf 180 °C reduzieren. Durch das Braten auf einem Rost wird auch die Unterseite des Hähnchens schön knusprig. 150 ml Wasser in den Bräter gießen und alle 20 Minuten das Hähnchen mit der Flüssigkeit benetzen. Nach 45 Minuten (von insgesamt 75 Minuten Garzeit) den Weißwein hinzufügen.

Nach Ende der Garzeit das Hähnchen aus dem Ofen nehmen, mit der Brustseite nach unten legen und ruhen lassen.

Für die Mayonnaise das Eigelb mit dem Schneebesen verquirlen, Rapsöl in dünnem Strahl zugießen, dabei konstant mit dem Schneebesen rühren, bis sich eine Emulsion bildet. Salz, Pfeffer, ein wenig Zitronensaft hinzufügen und rühren, die halbe Knoblauchzehe hineinpressen. Die Mayonnaise mit Trüffelöl und Schnittlauch verfeinern und zum Brathähnchen servieren.

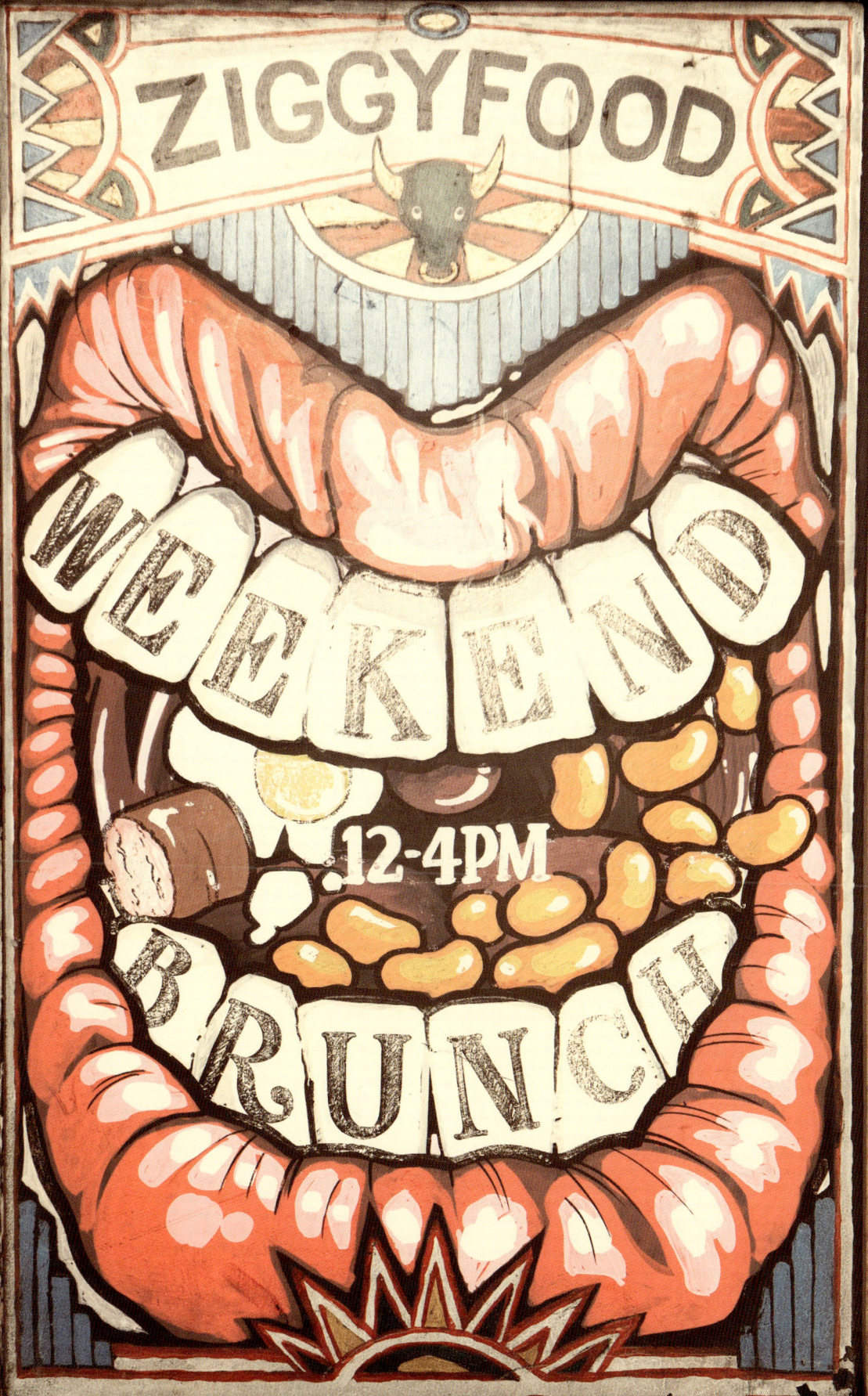

EINE STADT MIT VIELEN GESICHTERN
Ein Besuch im „Beach Blanket Babylon"

Im Laufe der Geschichte wuchs London aus vielen kleinen Dörfern zu einer Metropole zusammen und noch heute gibt es Gegenden, die wegen ihres dörflichen Charakters „Villages" genannt werde. Hier finden Sie noch den klassischen Dorfplatz mit Straßencafés, riesigen Kastanienbäumen und Kindern, die am frühen Nachmittag vor der Eisdiele Schlange stehen und dabei kreischen wie ein Schwarm Nymphensittiche.

Ob Primrose Hill, Hampstead Heath oder Wimbledon – an manchen Ecken Londons vergisst man schnell, dass man sich in einer Großstadt befindet, und genau diese unerwartet intim-gemütliche Stimmung macht London so besonders. Jeder Stadtteil hat seinen ganz eigenen Charakter. Brixton im Süden ist lebendig, extrem durchmischt (Migranten treffen auf Middleclass) und mitten in der heißen Phase der Gentrifizierung. Kensington ist vor allem tagsüber geschäftig und schick, in Chelsea fuhren etliche RollsRoyce mit Chauffeur an mir vorbei. Notting Hill mit den hübschen, kleinen Mews-Häusern ist die Hochburg junger Mütter. Hier sieht man teure Kindermodengeschäfte und natürlich viele kleine Kundinnen und Kunden, die in nagelneuen Kinderwagen von Müttern und Kinderfrauen spazieren gefahren werden. So wie der Stadtteil in dem gleichnamigen Film mit Julia Roberts und Hugh Grant präsentiert wurde, ist Notting Hill aber nicht mehr. Vielleicht lebte hier 1999 die Bohème und es ging edel-hippiehaft zu, heutzutage ist Notting Hill zwar immer noch wunderschön, aber auch aufgeräumt und erwachsen.

Nachts allerdings ändert sich das Bild: Die jungen Mütter gehen erschöpft schlafen, heraus kommt die junge West-End-Crowd, die sich amüsieren möchte. Aber bitte gesittet und nicht zu wild! Dinner und Drinks, vielleicht später noch ein bisschen Dance, aber im Gegensatz zum East End geht man hier vor dem Morgengrauen ins Bett.

Brett Newmark ist Manager im „Beach Blanket Babylon", einem Bar-Restaurant-Club-Lokal mitten im Herzen von Notting Hill mit einer zweiten Dependance in Shoreditch. Fast wie ein Schizophrener hat es das BBB geschafft, in zwei unterschiedlichen Universen – East End und West End – unter dem gleichen Namen vollkommen verschiedene Gäste anzuziehen. Hier im Westen sei die Klientel wohlhabend und elegant, sagt Brett, man trinke gern Champagner und Cocktails mit Sherry, es sei der perfekte Ort, um vor dem Dinner oder Nachtclub seine Freunde zu treffen und sich auf den Abend einzustimmen. Die mit Seidenstoff bezogenen Sessel am Kaminfeuer untermauern seine These von der poshen Einstellung der Gäste. In Shoreditch dagegen würden weniger teure Getränke, lautere Musik und längere Öffnungszeiten besser zum Publikum passen.

Und in welchen der beiden BBB gehören Sie? Sind Sie jung und wild oder erwachsen und elegant? Egal, welches BBB zu Ihnen passt, der Lieblingschampagnercocktail von Brett Newmark schmeckt den einen wie den anderen.

BBB Notting Hill
45 Ledbury Road, Notting Hill
London W11 2AA
020 7229 2907

BBB Shoreditch
19-23 Bethnal Green Road, Shoreditch
London E1 6LA
020 7749 3540

www.beachblanket.co.uk

RED VELVET COCKTAIL
VON BRETT NEWMARK

Ergibt 1 Cocktail

10 ml frisches Erdbeerpüree

10 ml Sherry

(z. B. Pedro Ximenez)

4 Tropfen Grapefruit-Bitter

(The Bitter Truth)

100 ml Champagner

(z. B. Perrier Jouet)

Für das frische
Erdbeerpüree einfach
ein paar frische
geputzte Erdbeeren
mit ein wenig
Puderzucker pürieren.

Alle Zutaten
mit Eiswürfeln zusammen verrühren
und in ein Champagnerglas gießen.
Mit einer halben Erdbeere
und einem Streifen Grapefruitschale
garnieren.

DIE KÖCHIN MARGOT

Den besten Lunch Londons gibt es in einem Restaurant, das früher ein Fahrradspeicher für Schüler war

Margot Henderson ist nicht nur Inhaberin des Restaurants „Rochelle Canteen" in East London, sie ist auch mit einem der angesehensten Köche Großbritanniens verheiratet: Ihrem Ehemann Fergus Henderson gehört das zweitbeste Restaurant der Insel, das „St. John Restaurant" im Stadtteil Clerkenwell. Wenn man über britische Küche spricht, fällt früher oder später garantiert der Name Fergus Henderson, der das Prinzip „nose to tail eating" weltberühmt gemacht hat – im „St. John" wird vor allem Schwein zubereitet, dabei wird vom Rüssel bis zum Ringelschwanz das komplette Tier verarbeitet.

Aber sprechen wir nicht über Fergus, denn das tun ohnehin schon alle, sprechen wir lieber über Margot. Wenn mich die Hendersons zum Lunch bei sich zu Hause einladen würden – die Lieblingsmahlzeit beider Köche ist das Mittagessen –, würde ich mir wünschen, dass Margot kocht. In England ist die Wahrscheinlichkeit, bei Leuten daheim zum Essen eingeladen zu werden, zwar generell gering, aber wer weiß: Man hat schon Äffchen tanzen gesehen. Selbst Margot und Fergus werden nur selten bei Freunden privat zum Essen eingeladen, verrät mir die rothaarige Köchin bei unserem Treffen. Vielleicht seien die Leute eingeschüchtert, könnten einfach nicht ihre britische Zugeknöpftheit überwinden und Gäste in ihr Haus einladen. Auf jeden Fall ist es eine ganz besondere Ehre, wenn man es bis an den Esstisch eines Engländers schafft.

Margots Kochstil ist genau nach meinem Geschmack: einfach, mit Liebe zubereitet, ohne Allüren, aber immer aus den besten Zutaten. Knuspriger Schweinebraten, Fasan auf Lauchgemüse, Salat mit Kartoffeln und geräucherter Makrele, Sardellen auf frisch gebackenem und geröstetem Brot – alles, was Margot in ihrem Restaurant anbietet, würde ich liebend gern essen. Die „Rochelle Canteen" ist auch wegen des Ambientes einen Besuch wert. Früher war das kleine Gebäude der Fahrradschuppen der ehemaligen Rochelle-Schule. Das Restaurant liegt hinter einer Mauer und einer schmalen Tür – man findet es nicht zufällig, sondern nur, wenn man weiß, wo es ist. Am schönsten ist es hier morgens zum Frühstück oder mittags zum Lunch; dann kann man sich nämlich nach dem Essen satt und zufrieden auf eine der Bänke im kleinen Garten des Restaurants setzen, glücklich verdauen und die Seele baumeln lassen.

Margot Hendersons Rezepte gibt es übrigens auch als Buch zum Nachkochen: „You're All Invited: Margot's Recipes for Entertaining".

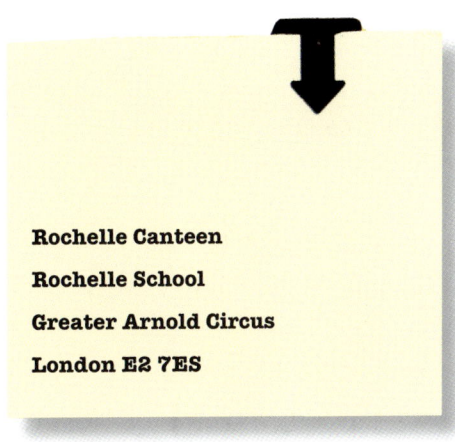

Rochelle Canteen
Rochelle School
Greater Arnold Circus
London E2 7ES

SEITE 130

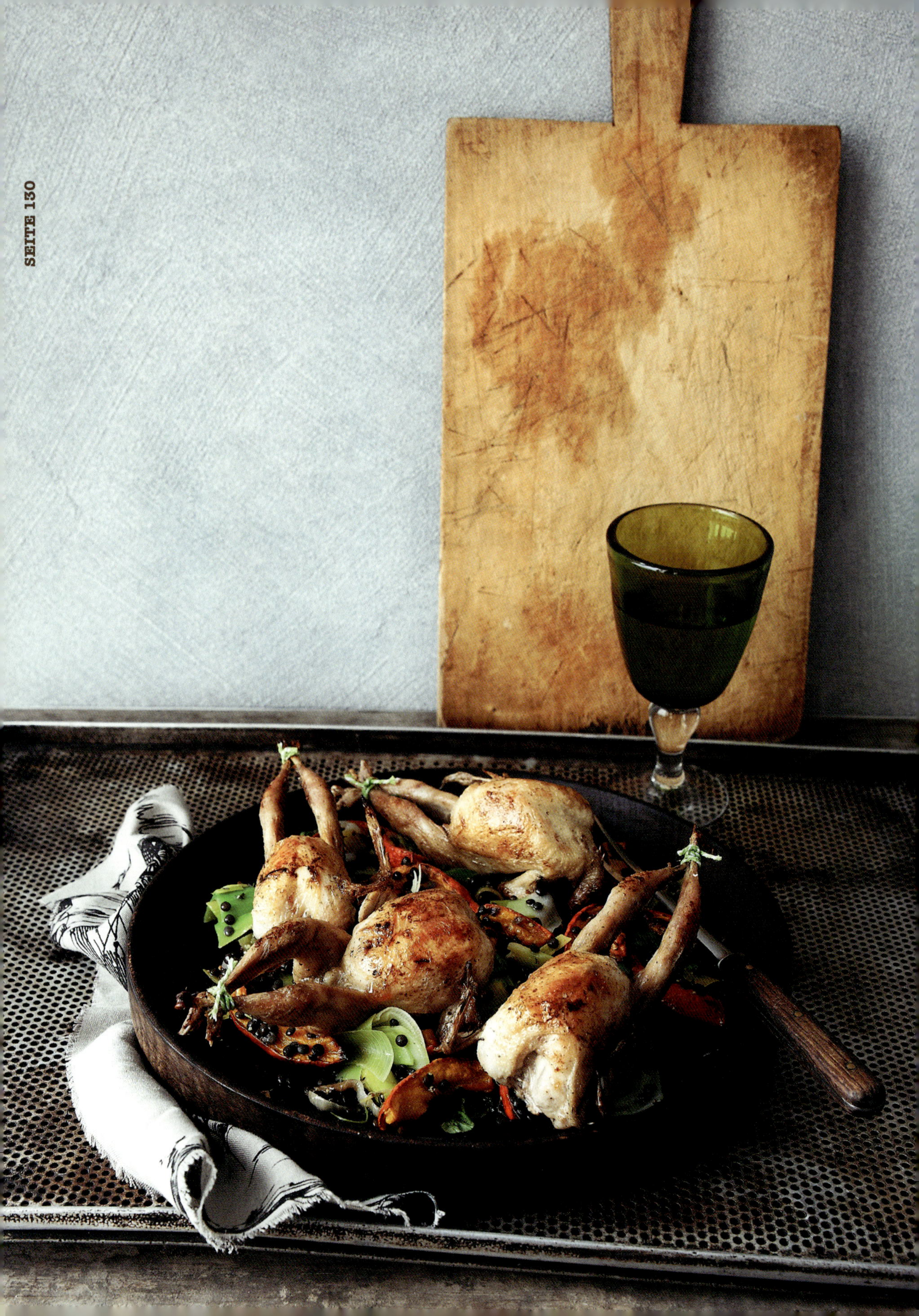

Gebratene Wachteln

mit Linsen, Kürbis

und Brunnenkresse

Für 4 Personen

VON

MARGOT HENDERSON

LINSEN, KÜRBIS UND BRUNNENKRESSE

2 Zwiebeln

5 Knoblauchzehen und 1 ganze Knolle extra

70 ml Olivenöl zzgl. 1 EL zum Servieren

1 Lauchstange

250 g Puy-Linsen

100 ml Weißwein

1 l Geflügelbrühe oder Wasser

½ Zitrone

½ Acorn-Kürbis oder Crown-Prince-Kürbis (Gartenkürbis)

1 EL Butter

1 TL Dijon-Senf

1 Bund Brunnenkresse

Meersalz und frisch gemahlener schwarzer Pfeffer

WACHTELN

3 EL Öl

12 Wachteln

50 ml Geflügelbrühe

Meersalz und frisch gemahlener schwarzer Pfeffer

ZUBEREITUNG

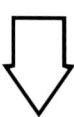

Für die Linsen die Zwiebeln und die fünf Knoblauchzehen häuten und in Ringe bzw. Scheiben schneiden, dann in einer Pfanne mit hohem Rand in der Hälfte des Olivenöls bei mittlerer Hitze anrösten. Den gewaschenen Lauch einmal längs halbieren, in schmale Halbmonde schneiden und dazugeben. 15 Minuten schmoren, bis der Lauch weich ist.

Linsen und Wein dazugeben und köcheln lassen, bis sich die Flüssigkeit ein wenig reduziert hat. Nun mit der Brühe aufgießen. Die halbe Zitrone ebenfalls komplett dazugeben und alles 40 Minuten köcheln lassen. Mit Salz und Pfeffer abschmecken und etwas abkühlen lassen.

Während die Linsen kochen, den Kürbis zubereiten: Den Ofen auf 180 °C vorheizen. Den Kürbis entkernen und in dicke Spalten schneiden. Nicht schälen, denn die Haut sorgt dafür, dass die Spalten in Form bleiben. Mit dem verbliebenen Olivenöl einreiben.

Die Knoblauchknolle horizontal durchschneiden und die Hälften mit den Kürbisspalten auf ein Backblech legen. 40 Minuten im vorgeheizten Ofen rösten, bis der Kürbis weich ist.

Im Anschluss die Wachteln zubereiten: Die Ofentemperatur auf 200 °C erhöhen. Das Öl in einer Pfanne erhitzen und die Wachteln darin auf der Brustseite leicht anbraten. Wenn sie eine goldene Farbe angenommen haben, in den Bräter oder auf ein Backblech mit Rand geben, mit Salz und Pfeffer würzen und die Geflügelbrühe dazugießen. Im vorgeheizten Ofen 20 Minuten braten, bis die Wachteln braun und knusprig sind.

Kurz vor dem Servieren die Linsen wieder erwärmen, 1 EL Olivenöl sowie die Butter und den Senf einrühren.

Die Brunnenkresse waschen und die Blätter abzupfen, Stiele wegwerfen. Kürbis und Brunnenkresse zu den Linsen geben. Einige der gerösteten Knoblauchzehen ebenfalls aus der Haut drücken, dazugeben und umrühren.

Sach Register

Rezept VERZEICHNIS

REGISTER

GOOD BYE

ÜBER DIE AUTORIN

Violet Kiani wurde in Teheran geboren und wuchs in Bielefeld auf. Sie arbeitete nach ihrem Studium der Anglistik, Germanistik und Politikwissenschaft als freie Autorin bei „Elle Girl" und „Amica" in München. Sie war Teil der Entwicklungsredaktion von „Vanity Fair" in Berlin, leitete später das Lifestyle-Ressort von „Instyle" in München und war für Entwicklung und Leitung des Bereichs Lifestyle im Magazin „Closer" verantwortlich. Seit einigen Jahren arbeitet sie als freie Autorin, u.a. für das Feuilleton der „FAS". Auf www.harpersbazaar.de schreibt sie eine wöchentliche Kolumne.

DANKE

Ich danke Maria Eisl, Soo-Hi Song, Jennifer Dixon, Loews PR, Ali Kepenek, Uta Stolley, Andreas Haase, Malte Rheingans, Magnus Edensvard, Andrew Peryer, David Peryer, Adam Lieber, Sarah Cotterell, meinen lieben Eltern und meinen wundervollen Schwestern.

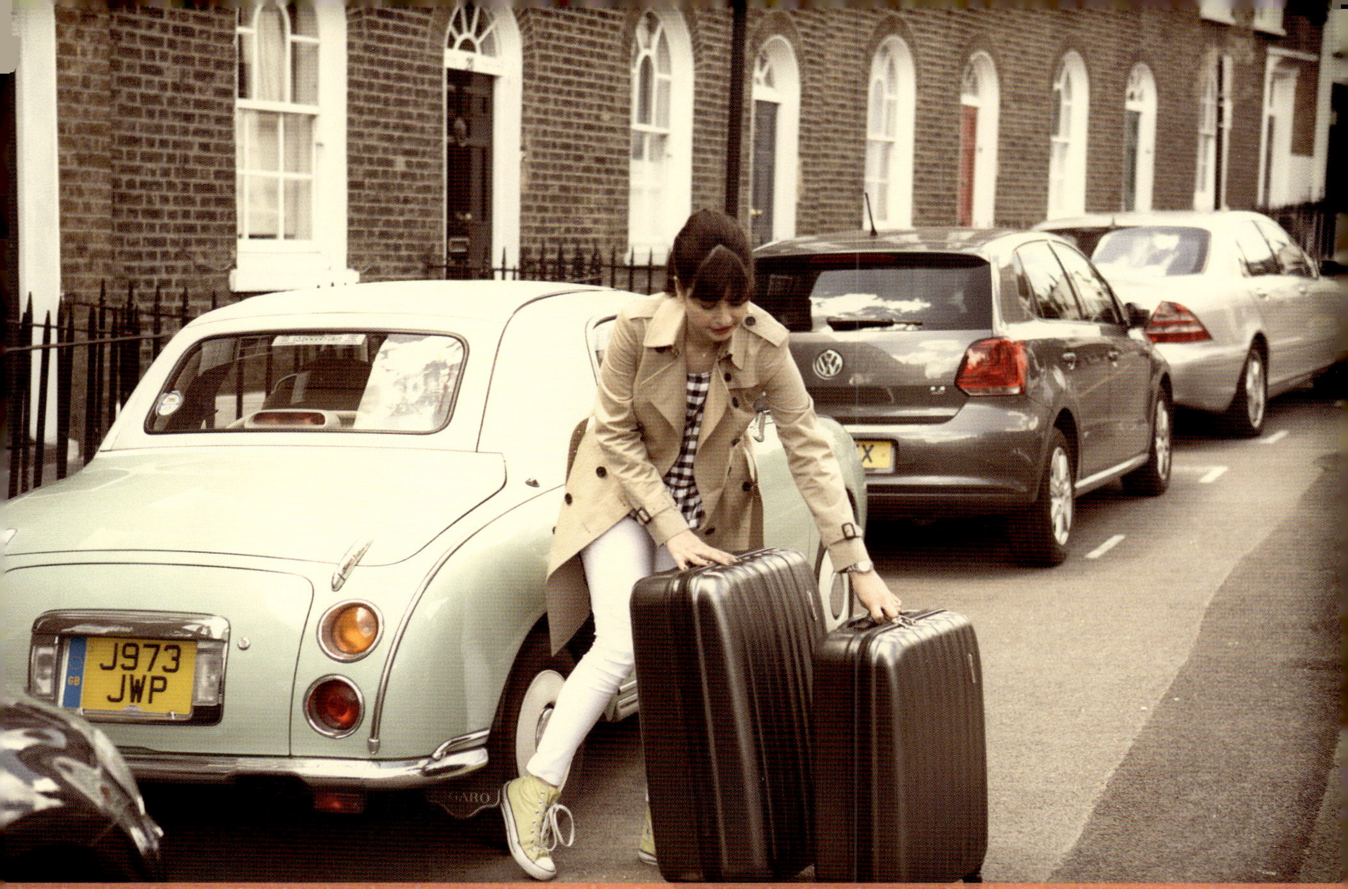

Für die freundliche Unterstützung danke ich außerdem

HARDWARE, deren alles mitmachendes Reisegepäck der Serie Profile Plus mit waschbarem Innenfutter, leicht zu bedienender Feststellbremse, kratzfestem Polycarbonat die perfekte Begleitung auf meiner Reise war. www.hardware-bags.de

STAMPIN' UP! DEUTSCHLAND für die wunderschönen Papiere, Stempel, Scrapbooking-Vorlagen und -materialien, die bei der Gestaltung des Buches zum Einsatz kamen. Stampin´ Up! Deutschland GmbH, Herriotstr. 1, 60528 Frankfurt/Main, Germany www.stampinup.de, www.facebook.com/stampinupDEAT, www.pinterest.com/stampinupdeat, www.youtube.com/stampinupgermany

MT MASKING TAPE für ihre qualitativ hochwertigen, designstarken und originellen Kleberollen aus Reispapier, die die Optik dieses Buches auf so vielfältige Weise bereichern. THOMAS MERLO PARTNER AG, Giessenstrasse 17, CH-8953 Dietikon0 www.thomasmerlopartner.ch, mail@thomasmerlopartner.ch

IMPRESSUM

© 2014 **Neuer Umschau Buchverlag, Neustadt an der Weinstraße**

Rezepte, Texte und Konzept: Violet Kiani

FOODFOTOGRAFIE **Maria Brinkop**, Hildesheim, www.fotobrinkop.de
Außerdem: Seite 4 und 9 (Bilder Violet)

FOODSTYLING: Guido Gravelius, Kirchheim unter Teck, www.gravelius.com

Fotos Miss Violet in London: **Ali Kepenek** auf den Seiten:
6, 25 (Bild Violet), 32 (Bild Violet), 73, 82 (Bild Violet), 141, 142, 143

SONSTIGE FOTOS:
Beach Blanket auf Seite: 125; Fotolia auf Seite: 53; Free Pik auf Seite: 68 (rechtes Bild);
Gus Palmer (Bild Margot Henderson) auf Seite: 128; Hawksmoor auf den Seiten: 74, 75 ;
Lili Vanilli auf Seite: 78; Nobu auf den Seiten: 86, 87; Rochelle Canteen: auf Seite 128; Trishna auf
Seite: 56; VisitBritain auf den Seiten: 4 (links oben),8, 10, 15, 20, 21, 25, 32, 40, 41, 45, 47, 50/51 (Bar Soho),
60, 67, 68 (linkes Bild), 82, 90, 100, 103, 106, 110/111, 118, 123, 124, 133, 134/135
Freepik 68 (Illustrationen)

Chefredaktion
Vanessa Herget, Neuer Umschau Buchverlag GmbH, Neustadt an der Weinstraße

SATZ UND GESTALTUNG/ART DIREKTION
Tina Defaux, Neuer Umschau Buchverlag GmbH, Neustadt an der Weinstraße

LEKTORAT
Anna Christiane Gülicher-Loll, Lesezeichen Verlagsdienste, Köln

Druck und Verarbeitung:
Těšínská Tiskárna
Český Těšín

Printed in Czech Republic
ISBN: 978-3-86528-781-6

Besuchen Sie uns im Internet: www.umschau-buchverlag.de